Exercises in Spanish

100 ORAL PERFORMANCE QUESTIONS

- LISTENING COMPREHENSION
- SIMULATED SPEAKING
- READING COMPREHENSION
- WRITING TASKS

SUSANNE VASI

JOSEPH TOMASINO

Regents

Regents Publishing Company, Inc.

Published by
Regents Publishing Company, Inc.
2 Park Avenue
New York, N.Y. 10016

Printed in the United States of America

ISBN 0-88345-421-1

TABLE OF CONTENTS

INTRODUCTION

The New Edition of Exercises in Spanish is designed to help students who must pass any Spanish achievement examination at the intermediate or advanced level. The book may also be used as a complementary text in any intermediate or advanced course in Spanish. The exercises have been completely revised and updated to give practice in all the types of questions contained in the Regents Comprehensive Examination in Spanish, including the complete text of the latest New York State Regents Examination for Spanish-Level 3, reflecting recent format changes.

Listening comprehension, simulated speaking, reading comprehension, and writing tasks are covered in Parts 1-4. Part 5 contains 100 oral performance questions to give additional speaking practice for oral examinations.

Cassette tapes are available to accompany the listening comprehension and selected exercises from the simulated speaking sections, so that the book may be used for either self-instruction or in a classroom setting.

To assist students in learning new vocabulary, separate vocabulary lists, including English translations to fit the particular context, are given for the exercises in Parts 1-4. The lists contain words and expressions which students may have difficulty understanding from the context alone. Students are encouraged as much as possible to complete the exercises independently of the vocabulary lists, and to use the translations primarily as a guide to further vocabulary study.

Directions for completing each of the assigned tasks are given at the beginning of each group of exercises throughout the book. Additional directions for self-instruction are included where appropriate.

Susanne A. Vasi

Joseph A. Tomasino

PART I

Listening Comprehension

Directions (1-50): The following questions are based on passages which will be read aloud twice in succession by the teacher or on the cassette tape which is available to accompany this book. After the second and final reading of each question and passage, write the letter *a* to *d* of the best suggested answer according to the content of the passage.

The correct answers are on p. 189 of the book.

PART I

Listening Comprehension
Vocabulary

1. ¿Qué prefiere esta persona?

   a. Hablar un idioma <u>extranjero</u>.
   b. Pasar las vacaciones en un país extranjero.
   c. Hablar su <u>propio</u> idioma.
   d. Estudiar en su país natal.

   extranjero—*foreign*
   propio—*own*

2. ¿A qué hora <u>se levanta</u> Juan?

   a. A las siete y diez.
   b. A las seis y media.
   c. A las seis.
   d. A las siete en punto.

   levantarse—*to get up*

3. ¿Qué tiempo hace cuando Juan sale de casa?

   a. Hace buen tiempo.
   b. Hace calor.
   c. Hace mal tiempo.
   d. Hace mucho sol.

4. ¿A qué hora <u>almuerza</u> Juan los sábados?

   a. A las dos de la tarde.
   b. A las once de la noche.
   c. Cuando se levanta.
   d. Al mediodía.

   almorzar—*to have lunch*

5. ¿A quién escribió Pablo?

   a. A su hermana.
   b. A su tía.
   c. A su madre.
   d. A su abuela.

6. ¿Quién llegó a la casa?

    a. El abuelo.
    b. Un amigo.
    c. El padre.
    d. Una amiga.

7. ¿Por qué llamó Juan a Pedro?

    a. Lo invitó a comer con él.
    b. Lo invitó a ir al cine.
    c. Lo invitó a visitar a unos amigos.
    d. Lo saludó por su cumpleaños.

8. ¿Qué está ocurriendo?

    a. Una persona va a hacer un viaje.
    b. El avión va a chocar.
    c. El avión va a partir.
    d. Una persona ha llegado de un viaje.

chocar—*to crash*

9. ¿Qué le pasa al amigo?

    a. Está muy cansado.
    b. Está enfermo.
    c. Tiene sed.
    d. Tiene hambre.

10. ¿Qué caracteriza al mercado?

    a. Su alegría.
    b. Su agresividad.
    c. Su ambiente tranquilo.
    d. Su falta de animación.

ambiente—*environment*
falta—*lack of*
animación—*excitement*

11. ¿Qué quiere el chico que narra el cuento?

    a. Hablar.
    b. Salir.
    c. Lavarse.
    d. Comer.

narrar—*to tell, to narrate*

12. ¿Qué había golpeado al paseante?

    a. Un cigarro.
    b. La nieve.
    c. Un juguete.
    d. Un hombre.   golpear—*to hit*

13. ¿Cuál era el atractivo de esta región?

    a. Las tiendas modernas.
    b. Los numerosos hoteles.
    c. El clima refrescante.
    d. El color del paisaje.   el paisaje—*the scenery*

14. ¿Cómo podía dejar de llorar el paciente?

    a. Dejando de cantar.
    b. No estando triste.
    c. No escuchando su canto.
    d. Tapándose los ojos.

        dejar de **+** Infinitivo—*to stop doing* **+** *verb*   llorar—*to cry*
                                                      canto—*singing*
                                                    tapar—*to cover*

15. ¿Qué ha convertido a Caracas en ciudad cosmopolita?

    a. Su posición geográfica.
    b. La industria petrolera.
    c. La muchedumbre que vive allí.
    d. La ayuda de los Estados Unidos.   petróleo—*oil, petroleum*
                                                  muchedumbre—*crowd*

16. ¿Dónde está esta persona?

    a. En un tren.
    b. En un auto.
    c. En un avión.
    d. En casa.

17. Una característica de la gente de este país es

    a. el orgullo.
    b. la astucia.
    c. la honradez.
    d. lo militar.

el orgullo—*the pride*
la astucia—*the cleverness*
la honradez—*the honesty*

18. ¿Cómo era este joven?

    a. Algo tonto.
    b. Maduro.
    c. Incapacitado.
    d. Holgazán.

tonto—*stupid*
maduro—*mature*
holgazán—*lazy*

19. ¿Cómo se gana la vida este hombre?

    a. Es dramaturgo.
    b. Divierte al público.
    c. Es dueño de un teatro.
    d. Da conferencias.

ganar la vida—*to earn a living*   divertir—*to entertain*
dramaturgo—*playwright*   dueño—*owner*

20. ¿Qué hacían los marineros?

    a. Estaban comiendo.
    b. Esperaban los peces.
    c. Dormían a pierna suelta.
    d. Festejaban algo.

marineros—*sailors*
dormir a pierna suelta—*to sleep like a log*

21. ¿Qué le pasaba al reloj?

    a. Se adelantaba.
    b. Ya no funcionaba.
    c. Estaba en la pared.
    d. Se atrasaba.

pasar—*to happen*   la pared—*the wall*
adelantar—*to go forward*   atrasar—*to be slow*
funcionar—*to work*

22. ¿Para quiénes son las modas de París?

    a. Para las mujeres ricas.
    b. Para las muchachas altas.
    c. Para las que suben las escaleras.
    d. Para todas las mujeres.

las modas—*fashions*
las escaleras—*the stairs*
subir—*to go up*

23. ¿A qué se debía el éxito de María?

    a. A la muerte de sus parientes.
    b. A su juventud.
    c. A unos grandes artistas.
    d. A la ayuda de su padre.

deberse a—*to be due to*   la muerte—*death*
el éxito—*the success*   la juventud—*youth*

24. ¿Por qué no le sirvió al anciano el premio?

    a. Se cortaba el pelo todos los días.
    b. Usaba sombrero en la cabeza.
    c. Ya no tenía cabello.
    d. Era barbero.

el anciano—*the old man*   el pelo—*the hair*
el premio—*the prize*   el cabello—*the hair*

25. ¿Qué desea este joven?

   a. Aprender a hablar español.
   b. Visitar los Estados Unidos.
   c. Encontrar amigos que le escriban.
   d. Viajar por el resto de la América Latina.

26. ¿De qué se quejaba el hombre?

   a. Del dolor que sufría.
   b. De tener poco dinero.
   c. De tener que pagar demasiado.
   d. De tener que esperar tanto tiempo.

quejarse—*to complain*
el dolor—*the pain*
demasiado—*too much*

27. ¿Por qué llamó Roberto a los habitantes de la casa?

   a. Había un incendio.
   b. Había observado un robo.
   c. Quería ayuda.
   d. Buscaba a un amigo.

un incendio—*a fire*

28. ¿Para qué bajan algunos venecianos la cesta?

   a. Para hacer callar al cartero.
   b. Para recibir el correo.
   c. Para subir comestibles.
   d. Para depositar una propina.

bajar—*to lower*
venecianos—*Venetians*   el cartero—*the mailman*
la cesta—*the basket*   el correo—*the mail*
callar—*to silence*   comestibles—*groceries*

29. ¿Qué clase de cuentos contaba Enrique?

   a. De aventuras verdaderas.
   b. De sus abuelos.
   c. De la escuela.
   d. Historias inventadas.

verdaderas—*true*

30. ¿Qué se espera?

    a. Un reflejo en el cielo.
    b. El domingo.
    c. Una corrida de toros.
    d. El cielo nublado.

el cielo—*the sky*
nublado—*cloudy*

31. ¿Qué le gustaba mucho a esta persona?

    a. Vivir en una ciudad grande.
    b. Divertirse siempre.
    c. Vivir en el campo.
    d. Trabajar en una fábrica.

divertirse—*to enjoy oneself*
una fábrica—*a factory*

32. ¿Cómo se usaban las servilletas durante la antigüedad?

    a. Solamente como adorno.
    b. Como toallas al terminar la cena.
    c. Nadie las usaba.
    d. Durante toda la cena.

las servilletas—*the napkins*
las toallas—*the towels*

33. ¿A qué hora se abren las tiendas?

    a. Por la noche.
    b. Por la mañana.
    c. Por la tarde.
    d. Al amanecer.

al amanecer—*at dawn*

34. ¿Qué se hará en el futuro para prolongar el día?

    a. Van a adelantar el reloj.
    b. Van a curar a los humanos de una grave enfermedad cerebral.
    c. Van a hacer reposar al hombre en menos tiempo.
    d. Van a atrasar el reloj.

adelantar—*to go ahead, to push ahead*
una enfermedad—*an illness*
reposar—*to rest*
atrasar—*to go back, to push back*

35. ¿Por qué es bueno que los niños trabajen?

   a.   Porque se hacen <u>fuertes</u>.
   b.   Porque ayudan a su familia.
   c.   Porque se preparan para su <u>carrera</u>.
   d.   Porque <u>adquieren</u> <u>sentido</u> de responsabilidad.

fuerte—*strong*   adquirir—*to acquire*

carrera—*career*   sentido—*sense*

36. ¿Qué debe tener este hombre?

   a.   Un libro.
   b.   Un trabajo.
   c.   Una casa.
   d.   <u>Un oficio.</u>   un oficio—*a job*

37. ¿De dónde obtuvieron <u>el riñón</u> para el trasplante?

   a.   Hicieron un riñón plástico.
   b.   Lo <u>proporcionó</u> <u>el esposo</u> de la enferma.
   c.   Lo <u>extrajeron</u> de un cadáver del hospital.
   d.   El donante fue el doctor.

proporcionar—*to provide*   el esposo—*the husband*

el riñón—*the kidney*   extraer—*to extract*

38. ¿Cómo reaccionó Pablo Picasso ante el Cordobés?

   a.   Se divirtió
   b.   No se emocionó
   c.   Se marchó temprano.
   d.   Pintó la escena.

39. ¿Por qué había perdido el anciano la libertad?

   a.   Porque era muy feliz.
   b.   Por hablar con el viajero.
   c.   Porque se había casado.
   d.   Por curioso.

40. ¿Por qué se burla el autor de la barbería americana?

    a. Cuesta demasiado.
    b. La excesiva atención lo aturde.
    c. Al hombre no le afeitan bien.
    d. Siempre pierde la ropa allí.

burlarse de—*to make fun of*   aturdir—*to bewilder*
la barbería—*the barber shop*   afeitar—*to shave*

41. ¿Qué hizo el hombre?

    a. Masticó el papel.
    b. Abrió la carta.
    c. Echó el instrumento en el escritorio.
    d. Selló la carta.

masticar—*to chew*
sellar—*to close, to seal*

42. ¿Dónde estaba la llave del coche de don Francisco?

    a. En el cajón de la mesa.
    b. El el bolsillo de su chaqueta.
    c. En la cocina.
    d. En el vehículo mismo.

la llave—*the key*   el bolsillo—*the pocket*
el cajón—*the drawer*   la chaqueta—*the jacket*

43. ¿Qué se construirá en Madrid?

    a. Un museo.
    b. Una fábrica de vestidos.
    c. Un centro comercial.
    d. Trenes subterráneos.

una fábrica—*a factory*
vestidos—*dresses*

44. ¿Por qué dura tanto tiempo la producción de esta película?

    a. Falta capital.
    b. Los días son cortos.
    c. Los actores se han declarado en huelga.
    d. Hay razones religiosas.

durar—*to last*
faltar—*to lack*
en huelga—*on strike*

45. ¿Qué significado tiene la Semana de España en Nueva York?

    a. Es un tributo a la cultura hispánica.
    b. Significa el pacto cultural entre Estados Unidos y España.
    c. Es parte del programa turística y cultural de España.
    d. Representa una fiesta religiosa.

46. ¿Por qué estaban <u>animadas</u> las calles esta tarde?

    a. Hacía muy buen tiempo.
    b. Había <u>un desfile</u>.
    c. Era Nochebuena.
    d. Era el último día del año.

animadas—full of life
un desfile—a parade

47. ¿A qué se <u>parece</u> más <u>la corrida de toros</u>?

    a. A una fiesta religiosa.
    b. A una lucha como el boxeo.
    c. A un baile.
    d. A un drama.

parecerse a—to resemble
la corrida de toros—the bullfight

48. ¿Qué hacen <u>los indígenas</u> cada sábado?

    a. Van a <u>la feria</u> a comprar y vender sus productos.
    b. Se pasean por la plaza.
    c. Visitan <u>lugares</u> religiosos.
    d. Las mujeres se reúnen para <u>hilar</u> y <u>charlar</u>.

los indígenas—the natives   *hilar—to spin*
la feria—the fair   *charlar—to chat*
lugares—places

49. ¿Qué tipo de provincia es Carchi?

    a. Industrial.
    b. Semitropical.
    c. Cosmopolita.
    d. <u>Agrícola-ganadera</u>.

agrícola-ganadera—farming-cattle raising

50. ¿Por qué se distingue el Ecuador?

    a. Por su mezcla de modernismo y antigüedad.
    b. Por su progreso.
    c. Por lo pintoresco.
    d. Por la pobreza.

distinguir—*to stand out*
mezcla—*mixture*
la pobreza—*the poverty*

PART II

Simulated Speaking
Connected Dialogue

Directions (1-50): The following dialogues contain a setting and five related dialogue lines. The teacher will read aloud twice in succession the setting of the dialogue in Spanish. Then the teacher will read aloud twice a line of the dialogue in Spanish, followed by instructions in English telling you how to respond. You will then write a response in Spanish, taking the part of the second speaker as instructed. Keep in mind the agreement of sentence parts according to the male or female role played.

For self-instruction, use the preceding directions together with the supplementary cassette tape to complete the first dialogue. For the remaining dialogues, read the setting given in the book. Then read a line at a time for the first speaker and write a response in Spanish, taking the part of the second speaker as instructed in the book.

PART II

Simulated Speaking
Connected Dialogue
Vocabulary

1. Dos amigos hablan de un <u>viaje</u> a California.

El primero: Así que irás a California en julio.
El segundo: (Indicate that you will leave sooner, at the end of June.)

El primero: ¿Irás por tren?
El segundo: (Indicate by what means.)

El primero: ¿Cuánto tiempo pasarás por allá?
El segundo: (Indicate duration of trip.)

El primero: ¿Vas a vivir con unos amigos o con tus <u>parientes</u>?
El segundo: (Specify where you are going to stay.)

El primero: No te <u>olvides</u> de mandarme <u>una tarjeta</u>.
El segundo: (Assure him that you will not forget.)

> un viaje—*a trip*   olvidar—*to forget*
> parientes—*relatives*   una tarjeta—*a postcard*

2. Su amigo llama por teléfono para <u>pedirle ayuda</u>.

Su amigo: ¡Hola! ¿Puedes ayudarme con el español?
Ud.:   (Answer that you would be glad to.)

Su amigo: Si quieres, te puedo ayudar con las matemáticas.
Ud.:   (Indicate that you would rather be helped in chemistry.)

Su amigo: ¿Qué vas a hacer el sábado?
Ud.:   (Answer that your parents insist that you work Saturday morning.)

14

Su amigo: Pero tal vez podamos ir al partido de fútbol por la tarde.
Ud.:   (Indicate that you would like to.)

Su amigo: Está bien. Si te <u>conviene</u>, nos encontraremos a las dos.
Ud.:   (Indicate that 2:30 would be preferable.)

pedir ayuda—*to ask for help*
padres—*parents*
convenir—*to agree*

3. Ud. está viajando en auto y <u>estaciona</u> para pedirle información a un policía.

El policía: Buenos días.
Ud.:   (Ask the shortest way to your destination.)

El policía: Vuelva <u>atrás</u> dos o tres <u>cuadras</u> y siga <u>a lo largo</u> del ferrocarril, ya
              verá las indicaciones de la carretera.
Ud.:   (Ask if the road is in good condition.)

El policía: Sí señor. Es el camino más <u>transitable</u>.
Ud.:   (Ask if there are restaurants along the way.)

El policía: No muchos, pero sí hay unas curvas <u>peligrosas</u>.
Ud.:   (Ask how long will it take you to be <u>out of this</u> dangerous road.)

El policía: Es sólo una media hora.
Ud.:   (Thank the policeman for his help.)

estacionar—*to park*   a lo largo—*along*
atrás—*to go back*   transitable—*in good condition (road)*
cuadras—*blocks (city)*   peligrosas—*dangerous*

4. Ud. está en <u>una playa</u> hablando con su amigo.

Su amigo: ¿Sabe nadar bien?
Ud.:   (Indicate ability.)

Su amigo: Yo no sé nadar muy bien, pero dicen que es fácil <u>mantenerse a flote</u>
            en el mar.
Ud.:   (Give your opinion.)

Su amigo: ¡Qué fría está el agua hoy!
Ud.:   (Indicate another condition.)

Su amigo: Si me hundo, ¿me saca Ud.?
Ud.:   (Respond affirmatively.)

Su amigo: Entonces, me voy a meter en el agua. ¿Por qué no entra Ud.?
Ud.:   (Indicate your intentions.)

una playa—*a beach*	sacar—*to take out*
mantenerse a flote—*to float*	meter—*to go in*
hundirse—*to submerge, to sink*	

5. Ud. llega a un hotel y se dirige al empleado de la carpeta para pedirle un cuarto.

El empleado: ¿Qué tipo de habitación quiere, doble o sencilla?
Ud.:   (Indicate type.)

El empleado: Las sencillas son desde veinte a cien dólares al día, y las dobles de cuarenta a doscientos.
Ud.:   (Ask about the twenty dollar rooms.)

El empleado: Los cuartos de veinte dólares están en la parte de atrás y no tienen vista al mar.
Ud.:   (Indicate that you will take one.)

El empleado: Muy bien, señor. Tenga la bondad de firmar el registro. ¿Va a pagar con efectivo o con tarjeta de crédito?
Ud.:   (Specify.)

El empleado: ¿Por cuántos días piensa quedarse?
Ud.:   (Indicate duration.)

dirigirse a—*to go toward, to address*	atrás—*back*
empleado—*clerk*	firmar—*to sign*
habitación—*room*	con efectivo—*in cash*
sencilla—*single*	quedarse—*to remain*

6. Roberto está durmiendo. Su mamá trata de despertarlo.

Su mamá: Vamos. No seas tan perezoso. Es hora de levantarte.
Roberto: (Inquire about the time.)

Mamá: Son las ocho nada menos. ¿No oíste el despertador?
Roberto: (Indicate reason for not having heard it.)

Mamá: ¿Qué quieres de desayuno?
Roberto: (Indicate preference.)

Mamá: ¿Hiciste anoche toda <u>la tarea</u>?

Roberto: (Indicate what was not done.)

Mamá: Pues ahora no te <u>queda mucho tiempo</u> para terminarla. ¿Qué vas a hacer?

Roberto: (Indicate solution.)

despertar—*to awaken*	el desayuno—*breakfast*
perezoso—*lazy*	la tarea—*homework*
el despertador—*the alarm clock*	quedar mucho tiempo—*to have time left*

7. Marta y Carlota están preparándose para un viaje en avión.

Marta: Tenemos que salir ya para el aeropuerto. ¿Tiene <u>la maleta</u> <u>lista</u>?

Carlota: (Indicate where it is.)

Marta: Es tan <u>pesada</u> que tendrá que pagar exceso de peso. ¿Qué lleva en ella?

Carlota: (Indicate contents.)

Marta: ¿Nos va a llevar su padre o llamamos un taxi?

Carlota: (Indicate choice.)

Marta: Los viajes en avión me ponen nerviosa. ¿A usted no?

Carlota: (Give opinion.)

Marta: Bueno, salgamos de una vez. ¿Cuánto tardaremos en llegar al aeropuerto?

Carlota: (Indicate duration.)

la maleta—*suitcase*
lista—*ready*
pesada—*heavy*

8. Hace dos años que Paco y Marcela se <u>casaron</u>. Viven en un pequeño apartamento y hablan sobre comprar una casa.

Marcela: Prefiero una casa de <u>ladrillos</u> con <u>sótano</u>, dos pisos y mucho terreno alrededor.

Paco: (React unfavorably to her suggestions.)

Marcela: Muy bien, eso dices tú. Pero, en mi opinión, la casa debe tener un gran jardín.

Paco: (Give your opinion about heating costs.)

Marcela: Pero piensa que luego podríamos construir <u>una piscina</u> o una cancha de tenis.

Paco: (Give your opinion.)

Marcela: ¿No me dirás entonces que prefieres seguir viviendo en un apartamento?

Paco: (React to the cost.)

Marcela: ¿Crees que deberíamos esperar un año más para comprar casa?

Paco: (Give your opinion.)

casarse—*to get married*	calentar—*to heat*
ladrillos—*bricks*	costar—*to cost*
sótano—*basement*	una piscina—*a swimming pool*

9. Ud. va a hacer algunas compras en un gran <u>almacén</u>.

El dependiente: ¿Puedo ayudarlo?

Ud.: (Indicate what you want, a jacket.)

El dependiente: ¿Qué le parece ésta? Es de pura <u>lana</u> importada y de última moda. La tenemos en todas <u>las tallas</u>.

Ud.: (Ask if they come in other colors.)

El dependiente: Las hay en azul oscuro, gris, negro y en blanco.

Ud.: (Indicate preference and ask about price.)

El dependiente: Cuestan ochenta y cinco dólares.

Ud.: (Ask him to show you some less expensive ones.)

El dependiente: Tenemos estas otras a treinta y cinco dólares pero sólo nos quedan en azul y no son de lana importada.

Ud.: (Indicate preference.)

un almacén—*a department store*	lana—*wool*
una chaqueta—*a jacket*	las tallas—*sizes*

10. Juan está <u>manejando</u> su auto por una avenida cuando de pronto ve que un policía de tránsito le sigue.

El policía: <u>Arrime</u> usted el coche a <u>la acera</u> y <u>pare</u> el motor.

Juan: (Ask what the problem is.)

El policía: ¿No es usted quien iba zigzagueando?

Juan: (Express your innocence.)

El policía:	Sí que fue usted. También excedió <u>la velocidad</u> máxima. ¿Qué tiene Ud. <u>en el asiento de atrás</u>?
Juan:	(Specify.)
El policía:	¿Por qué no <u>paró</u> usted <u>en seguida</u>?
Juan:	(Explain why.)
El policía:	Pues maneje usted <u>con más cuidado</u> en el futuro.
Juan:	(Express gratitude.)

manejar—*to drive*	la velocidad—*speed*
arrimar—*to park*	parar—*to stop*
la acera—*sidewalk*	en seguida—*immediately*
el asiento de atrás—*back seat*	con más cuidado—*more carefully*

11. Un matrimonio va a comer a un restaurante.

Mozo:	¿Van a tomar algún <u>aperitivo</u>?
Señor:	(Ask for cocktails.)
Mozo:	Hoy tenemos como plato especial <u>pescado asado</u> y <u>pollo al jerez</u>.
Señora:	(Indicate your preference.)
Mozo:	¿Y el señor, qué prefiere?
Señor:	(Indicate which one.)
Mozo:	¿Desean ensalada o arroz?
Señor:	(Indicate preference for both.)
Mozo:	¿Van a tomar vino o <u>cerveza</u>?
Señor:	(Indicate preference.)

aperitivo—*a drink (before meals)*	pollo al Jerez—*chicken in Sherry wine*
pescado asado—*broiled or baked fish*	cerveza—*beer*

12. Ud. ha olvidado <u>una maleta</u> en el tren y la va a buscar a la oficina de objetos perdidos.

El empleado:	¿Qué día viajó usted?
Ud.:	(Indicate date and destination.)
El empleado:	¿Me podría mostrar <u>el comprobante de su boleto</u>?
Ud.:	(Tell him it is all torn in pieces, but you show it to him.)

El empleado: ¿De qué color y tamaño es su maleta? Porque tengo dos sin comprobante.

Ud.:   (Indicate color and size.)

El empleado: ¿Es ésta su maleta?

Ud.:   (Indicate recognition.)

El empleado: Mire <u>adentro</u> a ver si está todo completo.

Ud.:   (Express happiness at finding contents intact.)

una maleta—*a suitcase*	romper en pedazos—*to tear to pieces*
el comprobante—*voucher, receipt*	pedazos—*pieces*
el boleto—*ticket*	adentro—*inside*

13. Su amigo lo invita a pasar <u>el fin de semana</u> en su casa. Él vive muy cerca del mar.

Su amigo: ¿Puedes venir este fin de semana a mi casa?

Ud.:   (Accept the invitation.)

Su amigo: ¿Sabes que vivo muy cerca del mar?

Ud.:   (Express interest.)

Su amigo: Podemos <u>nadar</u> o, si prefieres, podemos ir a <u>pescar</u>.

Ud.:   (Indicate your preference.)

Su amigo: ¿Cómo vas a venir? ¿Tienes auto?

Ud.:   (Indicate means.)

Su amigo: ¿Podrás llegar el viernes antes de <u>la cena</u>?

Ud.:   (Indicate when.)

el fin de semana—*weekend*	pescar—*to fish*
nadar—*to swim*	la cena—*supper*

14. El papá está con su hijo Paco en el <u>jardín zoológico</u>.

Paco: Quiero ir a ver los elefantes.

Papá: (Indicate that he will see them later.)

Paco: Papá, ¿éste es un jaguar?

Papá: (Say yes and indicate that it is dangerous to get too close to it.)

Paco: ¿Le puedo <u>dar de comer</u> a este leoncito?

Papá: (Indicate that he cannot, it is not allowed.)

Paco: ¿Puedo <u>montar</u> en burro?
Papá: (Indicate that he can.)

Paco: ¿Cuándo vamos a comer? Tengo mucha hambre.
Papá: (Indicate that he will eat in half an hour.)

un jardín zoológico—*a zoo*
peligroso—*dangerous, m.*
cerca—*close*
dar de comer—*to feed*
montar—*to ride*

15. En la clase, la maestra habla con un estudiante <u>acerca</u> de sus <u>estudios</u>.

La maestra: Jaime, he observado que tu trabajo no está como de costumbre.
Jaime: (Give an explanation why.)

La maestra: ¿Desde cuándo tienes ese problema?
Jaime: (Indicate the length of time.)

La maestra: ¿Qué puedo hacer para ayudarte?
Jaime: (Indicate how she can help.)

La maestra: ¿Cuándo quieres que empecemos?
Jaime: (Tell her when.)

La maestra: Estoy segura de que pronto lo entenderás todo fácilmente.
Jaime: (Express a positive attitude.)

acerca—*about*
los estudios—*studies*

16. Ud. está explicando a un policía cómo ocurrió un accidente de automóvil.

El policía: ¿Dónde estaba usted cuando <u>chocaron</u>?
Ud.: (Indicate when and where.)

El policía: ¿Cuántos <u>pasajeros</u> había en cada auto?
Ud.: (Indicate the number.)

El policía: ¿Cómo <u>ocurrió</u>?
Ud.: (Explain how the event occurred.)

El policía:	¿Había otros testigos?
Ud.:	(Indicate the others.)

El policía:	¿Quién tuvo la culpa según usted?
Ud.:	(Offer your explanation.)

chocar—*to crash*	testigos—*witnesses*
pasajeros—*passengers*	tener la culpa—*to be guilty*
ocurrir—*to happen*	según—*according to*

17. Su papá lo <u>regaña</u> a Ud. porque su maestra quiere hablarle sobre sus <u>malas notas.</u>

El papá:	¿En qué <u>asignaturas</u> tienes dificultades?
Ud.:	(Indicate the specific areas.)

El papá:	¿Por qué no me dijiste antes que tenías problemas?
Ud.:	(Give a reason.)

El papá:	Vas a necesitar un tutor, ¿no?
Ud.:	(Agree thankfully.)

El papá:	No puedes mirar más televisión hasta que no <u>mejoren</u> tus notas.
Ud.:	(React to the punishment.)

El papá:	Me tienes que <u>enseñar</u> las notas de todos tus trabajos.
Ud.:	(Indicate that you will show them to him.)

regañar—*to scold*	asignaturas—*subjects*
malas notas—*bad grades*	mejorar—*to improve*
	enseñar—*to show*

18. Ud. entra en la oficina del médico para su consulta.

El doctor:	Buenos días, señor Suárez, ¿qué le pasa?
Ud.:	(Explain why you are there.)

El doctor:	¿Tomó las <u>píldoras</u> que le <u>receté</u> la última vez que lo ví?
Ud.:	(Tell him whether you took the medication and about its effect.)

El doctor:	Voy a examinarlo otra vez y haremos un análisis de sangre.
Ud.:	(Express your dislike about having this procedure.)

El doctor: Dentro de dos días le daré el resultado.
Ud.:   (React expressing worry.)

El doctor: No se preocupe. No es nada de particular.
Ud.:   (Indicate trust in doctor and say good-bye.)

las píldoras—*pills*
recetar—*to prescribe*
la medicina—*medication*

19. El señor López llama por teléfono al señor García. La criada contesta.

La criada: Aló. La residencia del señor García. ¿Quién llama?
El señor López: (Indicate your name.)

La criada: ¿Con quién quiere hablar?
El señor López: (Indicate with whom.)

La criada: No está en casa. ¿Quiere dejar un recado?
El señor López: (Indicate that you are a friend of señor García and will call
                 later.)

La criada: ¿Quiere que el señor García lo llame cuando vuelva?
El señor López: (Leave your telephone number.)

La criada: ¿Hasta qué hora puede llamarlo?
El señor López: (Indicate until what time.)

dejar—*to leave*
un recado—*a message*

20. Ud. tiene dificultades para leer con sus lentes. Entre en la oficina del optometrista para consultarlo.

El optometrista: Buenas tardes, ¿en qué puedo servirle?
Ud.:   (Ask for an eye examination.)

El optometrista: ¿Cuándo fue la última vez que se examinó la vista?
Ud.:   (Indicate the last time.)

El optometrista: ¿En cuál ojo tiene más problemas?
Ud.:   (Indicate which.)

El optometrista: Tiene que usar espejuelos más fuertes. Puede recogerlos
                  dentro de una semana.
Ud.:   (Indicate that you will come for them.)

los lentes—*(eye) glasses*
los espejuelos—*(eye) glasses*
recoger—*to pick up*

21. Ud. y su amigo viajan en auto a Miami, van a pasarse dos semanas de
vacaciones en la playa.

Su amigo:	Si el coche sigue bien, pronto llegaremos a Miami.
Ud.:	(Indicate how long.)
Su amigo:	¿Quieres que maneje yo?
Ud.:	(Indicate your preference.)
Su amigo:	Hoy es el último día de viaje y no he hecho más que dormir. No es justo.
Ud.:	(Indicate that you like to drive.)
Su amigo:	¿A quiénes vamos a visitar primero, a tus primos o a los míos?
Ud.:	(Offer a suggestion.)
Su amigo:	Espero que tengamos buen tiempo para la playa.
Ud.:	(Express concern about hurricanes.)

la playa—*the beach*
los primos—*the cousins*

22. Juanita y Pedro hablan de los exámenes de junio y de las vacaciones de verano.

Juanita:	¿Estás bien preparado para tus exámenes?
Pedro:	(Indicate how long you studied.)
Juanita:	Mañana tengo mi último examen y luego empiezan las vacaciones.
Pedro:	(Ask where she is going.)
Juanita:	En julio iremos a Puerto Rico.
Pedro:	(Ask where she spent last summer.)
Juanita:	El verano pasado fuimos a las montañas.
Pedro:	(Indicate that you will not go away.)
Juanita:	Voy a mandarte una tarjeta postal desde San Juan si me das tu dirección.
Pedro:	(Ask her not to forget to write.)

mandar—*to send*
una tarjeta postal—*a postcard*

23. Ud. está en un avión que se dirige a Madrid. Ud. oprime el botón para llamar
al sobrecargo.

El sobrecargo:	¿Desea algo?
Ud.:	(Ask about dinner time because you did not have lunch.)

El sobrecargo: Cenaremos dentro de tres horas.
Ud.: (Indicate that you would like a snack in the meantime.)

El sobrecargo: Muy bien. ¿Quiere café o té con galletas?
Ud.: (Indicate preference.)

El sobrecargo: Bueno. Se lo traigo en seguida.
Ud.: (Indicate that you would like to have some reading material.)

El sobrecargo: ¿Qué prefiere, periódicos o revistas?
Ud.: (Indicate preference.)

dirigirse—*to head for*   el almuerzo—*lunch*
oprimir—*to push, to press*   las galletas—*crackers*
el sobrecargo—*the flight attendant, m.*   en seguida—*at once*
la cena—*dinner*

24. Dos estudiantes charlan sobre lo que harán por la noche.

El primero: ¿Qué harás esta noche después de terminar la tarea?
El segundo: (Indicate what you would do.)

El primero: A mí no me gusta mirar la televisión. No hay muchos programas
interesantes. ¿Hay algo que te guste?
El segundo: (Indicate one that you like.)

El primero: En mi casa todos quieren ver un programa distinto a la misma
hora.
El segundo: (Indicate why that problem does not exist in your house.)

El primero: ¿Qué vas a hacer este sábado por la mañana?
El segundo: (Indicate activity.)

El primero: No te olvides de que el sábado por la noche vamos a salir con las
muchachas.
El segundo: (Indicate that you will be there.)

terminar—*to finish*
la tarea—*homework*
distinto—*different*

25. Ud. está en México viajando por tren y pide información al empleado del
despacho de boletos.

El empleado: Buenos días. ¿Qué desea?
Ud.: (Indicate destination.)

El empleado: ¿De qué clase: de primera o de segunda?
Ud.:   (Indicate what kind.)

El empleado: ¿Quiere un tren expreso o local?
Ud.:   (Indicate preference.)

El empleado: Mejor es comprar un boleto de ida y vuelta.
Ud.:   (Inquire about cost.)

El empleado: Doscientos pesos. Si quiere un boleto de coche cama hay que pagar setenta y cinco pesos más.
Ud.:   (Indicate preference.)

> despacho de boletos—*ticket counter*
> de ida y vuelta—*round trip*
> coche cama—*sleeping car (on a train)*

26.   Ud. y su amiga están en una fiesta. Hay muchas golosinas y bebidas. Algunas personas están bailando.

Su amiga: Vámonos, estoy cansada.
Ud.:   (React negatively to the suggestion.)

Su amiga: ¿Por cuánto tiempo piensas quedarte?
Ud.:   (Indicate how long.)

Su amiga: ¿Por qué quieres quedarte tanto tiempo?
Ud.:   (Offer a reason.)

Su amiga: Bueno, yo me marcho con el auto. ¿Cómo vas a volver a casa?
Ud.:   (Suggest a way.)

Su amiga: Nunca más te voy a acompañar a una fiesta. Adiós.
Ud.:   (Express regret.)

> golosinas—*sweets, treats*
> bebidas—*beverages*
> quedarse—*to remain, to stay*

27.   Un doctor hace una visita a la casa de un paciente suyo.

El doctor: Buenas tardes, señor, recibí su llamada. ¿Qué tiene?
El Señor: (Indicate what ails you.)

El doctor: Hay que guardar cama por una semana. Además hay que tomar esta medicina antes de comer.
El Señor: (Ask what foods you can or cannot eat.)

El doctor: Puede <u>escoger</u> lo que quiera con tal que coma <u>ligeramente</u>. ¿Qué
             le gusta comer <u>de costumbre</u>?
El Señor: (Mention some favorites.)

El doctor: Está bien. ¿En qué más puedo servirle?
El Señor: (Indicate how else.)

El doctor: Sería un placer. Llámeme por teléfono en dos días.
El Señor: (Express gratitude for his services.)

> guardar cama—*to stay in bed*
> escoger—*to choose*
> ligeramente—*lightly*
> de costumbre—*generally*

28. José y Miguel hablan por teléfono. José dice que su hermana menor <u>acaba de</u>
<u>comprar</u> un perro.

José: Mis papás le dieron permiso a mi hermana para comprarse un
             perro.
Miguel: (Inquire about the dog.)

José: Es un perro blanco con dos <u>manchas</u> negras. Todavía no le hemos
             puesto nombre.
Miguel: (Suggest a name for the dog.)

José: No sé. Mi hermana es la que va a ponerle el nombre. Mi mamá dice
             que mi hermana tiene que cuidarlo, a ella le gustan mucho los
             animales.
Miguel: (Express your feelings about animals.)

José: Yo quisiera tener un gato pero ahora no va a poder ser.
Miguel: (Indicate which animal you would like to have.)

José: Tienes que venir por casa para conocer el perro.
Miguel: (React favorably to the invitation.)

> acabar de + Infinitivo—*to have just* + *Past Participle*
> manchas—*spots*

29. Dos estudiantes, Tomás y Luis, hablan de lo que van a hacer durante las
vacaciones de verano.

Tomás: ¿Irás al <u>campamento</u> este verano?
Luis: (Indicate where you will be this summer.)

Tomás: ¿Qué hacen allí?
Luis: (Specify what you will do.)

Tomás: ¿No llevas libros o juegos para <u>entretenerte</u>?
Luis: (Indicate what you will bring.)

Tomás: ¡Escríbeme <u>de vez en cuando</u>!
Luis: (Indicate that you will.)

Tomás: ¿Cuándo vas a <u>regresar</u>?
Luis: (Indicate when.)

> el campamento—*camp*
> entretenerse—*to entertain, to pass the time*
> de vez en cuando—*occasionally*
> regresar—*to return*

30. Un estudiante pregunta al <u>agente de viajes</u> sobre una excursión que desea hacer con un grupo de estudiantes a España y Portugal.

Estudiante: ¿Cuándo saldrá el grupo de Nueva York?
Agente: (Indicate date.)

Estudiante: ¿Cuánto tiempo se quedarán en Madrid?
Agente: (Indicate duration.)

Estudiante: Y después, ¿a qué otros lugares de España van?
Agente: (Indicate other cities.)

Estudiante: ¿Qué visitarán en Portugal?
Agente: (Mention the capital.)

Estudiante: ¿Cuándo regresarán a Nueva York?
Agente: (Indicate date.)

> el agente de viajes—*travel agent*

31. El señor Ruiz está en un hospital. Se fracturó <u>una pierna</u> a causa de un accidente de automóviles.

El señor Ruiz: (En la cama) ¡Qué mal me siento! ¡Cómo me <u>duele</u> la pierna!
La enfermera: (Indicate that he has suffered much.)

El señor Ruiz: ¿Sabe, señorita, que además de la fractura, perdí toda mi <u>dentadura</u>?
La enfermera: (Express sympathy.)

El señor Ruiz: ¡Qué <u>mal sabor</u> tiene esta medicina!
La enfermera: (Indicate that he must take it.)

El señor Ruiz: ¿Cree Ud. que voy a morir, señorita?
La enfermera: (Indicate that he will improve.)

El señor Ruiz: ¿Dónde está el doctor? Quiero hablar con él.
La enfermera: (Indicate where the doctor is.)

una pierna—*leg*   la dentadura—*teeth*
doler—*to ache*   mal sabor—*bad taste*

32. La señorita Guevara llega de Europa al aeropuerto de Nueva York. Tendrá
     que pasar por <u>la aduana</u> donde le <u>revisarán</u> el <u>equipaje</u>. Ella es profesora de
     ciencias.

El aduanero: Abran todas las maletas y pónganlas en <u>el mostrador</u>.
La señorita Guevara: (Ask if it is necessary.)

El aduanero: Sí, señorita. Esa es la ley.
La señorita Guevara: (Indicate that you do not like the law.)

El aduanero: ¿Ha comprado más del límite legal? ¿Lleva plantas o
                          frutas?
La señorita Guevara: (Indicate what you are taking with you.)

El aduanero: Lo siento, señorita. Pero no podrá quedarse con <u>la
                          mariposa</u>, por hermosa que sea.
La señorita Guevara: (Indicate that you are a science teacher.)

El aduanero: ¿Por qué no saca una fotografía de la mariposa? Se la
                          puede mostrar a sus estudiantes.
La señorita Guevara: (Express irritation at his suggestion.)

la aduana—*customs*   el equipaje—*luggage*
revisar—*to inspect*   el mostrador—*counter*
                        la mariposa—*butterfly*

33. Dos aficionados de la pintura están en una exposición de arte. Discuten sobre
     <u>un cuadro</u>.

El primero: ¿Qué te parece este cuadro al óleo?
El segundo: (Express an opinion.)

El primero: Tiene una belleza delicada. ¿Sabes el valor?
El segundo: (Express your opinion on its worth.)

El primero: Esta pintura de <u>una puesta de sol</u> me gusta más que ésa.
El segundo: (Indicate your preference for summer scenes.)

El primero: Mira aquel cuadro de allá. ¡Qué expresión tan alegre tienen los
              ojos de los niños!
El segundo: (Indicate that it is a beautiful painting.)

El primero: Mi <u>entretenimiento</u> favorito es pintar. Creo que me gustaría
              hacerlo toda mi vida.
El segundo: (Indicate your favorite diversion.)

un cuadro—*a painting*
una puesta de sol—*a sunset*
el entretenimiento—*entertainment*

34. María y su madre <u>van de compras</u>. María va a asistir a una escuela superior
     por primera vez en septiembre y necesita ropa.

La madre: Vamos a entrar en esa tienda.
María: (Indicate that you like to shop in this store.)

La madre: He leído en los periódicos de ayer que hoy hay <u>una venta</u> especial.
María: (Indicate that all the things in the store are pretty.)

La madre: <u>Los vestidos</u> de esta tienda son de mejor calidad que los de las otras
            tiendas.
María: (Indicate that they are also more expensive.)

La madre: María, tú eres una chica muy inteligente.
María: (Pay a compliment to the mother.)

La madre: Entremos.
María: (Indicate you are following her.)

ir de compras—*to go shopping*
una venta—*sale*
los vestidos—*dresses*

35. Conchita y Carlota son dos amigas. Están en el jardín.

Conchita: La primavera es la estación más <u>agradable</u> del año.
Carlota: (Indicate your preference.)

Conchita: En el mes de abril llueve <u>a menudo</u>.
Carlota: (Indicate the need for rain.)

Conchita: En los jardines se pueden ver muchas flores y las plantas están
            llenas de <u>hojas</u>.
Carlota: (Answer that you like flowers and plants.)

Conchita: ¡Qué bueno que no hay clases en el verano!
Carlota: (Mention some summer activities.)

Conchita: En el invierno casi siempre hace frío.
Carlota: (Indicate your preference for weather.)

agradable—*pleasant*
a menudo—*often*
hojas—*leaves*

36. Pablo y Héctor están preparando un viaje que van a hacer a <u>un país extranjero.</u>

Pablo: ¿Cuánto crees que necesitamos para el viaje?
Héctor: (Indicate the amount.)

Pablo: Antes de partir, ¿qué debemos de obtener, además de los pasaportes?
Héctor: (Mention some things such as photographs and travelers checks.)

Pablo: ¡Ah, cuántas cosas! ¿Y no necesitamos <u>ropa</u> nueva?
Héctor: (Indicate that you have all your clothes.)

Pablo: Te pregunté porque no sé si debemos llevar ropa de invierno o de verano.
Héctor: (Indicate which.)

Pablo: Creo que vamos a tener mucho que contar.
Héctor: (Express desire to leave on trip.)

un país extranjero—*a foreign country*
la ropa—*clothing*

37. Dos amigos están en la sala de la casa <u>discutiendo</u> varios <u>asuntos</u> de interés mutuo. Un amigo le ofrece al otro una bebida.

El primero: ¿Quieres tomar algo? Hace calor y debes <u>tener sed.</u>
El segundo: (Indicate what you would like.)

El primero: Hoy por la tarde no hay nada interesante en la televisión. ¿Cuál es tu programa favorito?
El segundo: (Indicate what it is.)

El primero: A mí me gustan los programas de música y baile.
El segundo: (Indicate a dislike for that type.)

El primero: A las doce habrá un partido de básquetbol. Vamos a verlo.
El segundo: (Indicate that you would like to go.)

El primero: Despúes del partido, ¿por qué no te quedas aquí a cenar con nosotros?
El segundo: (Indicate something else you have to do.)

discutir—to discuss
asuntos—matters
tener sed—to be thirsty

38. <u>Un extranjero</u> llega muy cansado a la estación desierta. Tiene una gran <u>maleta</u>. Un empleado se <u>acerca</u>.

El extranjero: Perdón, señor, ¿ha salido ya el tren?
El empleado: (Answer that the train has left.)

El extranjero: Tengo que partir en seguida.
El empleado: (Indicate that he will have to stay in a hotel.)

El extranjero: Yo no quiero quedarme en un hotel, sino salir en el tren.
El empleado: (Answer that the next train will leave in the morning.)

El extranjero: ¿Está loco? Yo debo llegar a Toledo mañana mismo.
El empleado: (Indicate that it will be impossible.)

El extranjero: ¿No funcionan los trenes en este país?
El empleado: (Indicate that there are not many trains.)

un extranjero—a stranger
una maleta—a suitcase
acercarse—to approach

39. Domingo y su amigo Enrique están visitando algunos sitios de interés en la ciudad. Enrique le dice a su amigo que <u>tiene hambre</u> y que está muy cansado.

Domingo: Entremos entonces en este restaurante.
Enrique: (Answer that it is a good idea.)

Domingo: ¡Qué vista tan espléndida tenemos desde esta mesa!
Enrique: (Indicate that you could see all the pretty girls.)

Domingo: Mozo, sírvase darnos la lista, por favor.
Enrique: (Indicate that you are hungry.)

Domingo: Creo que voy a <u>pedir</u> un filete bien frito.
Enrique: (Specify what you want.)

Domingo: De <u>postre</u> voy a pedir helado.
Enrique: (Specify what you want.)

tener hambre—to be hungry
pedir—to order
de postre—for dessert

40. El señor González acaba de llegar a la ciudad. El entra en un hotel y habla con
    el hotelero.

    El señor González: ¿Tiene Ud. cuarto para una persona?
    El hotelero: (Indicate that you have.)

    El señor González: Prefiero el piso más alto.
    El hotelero: (Indicate that you have some beautiful ones.)

    El señor González: Enséñeme uno, por favor.
    El hotelero: (Ask him to follow you.)

    El señor González: Me parece muy pequeño.
    El hotelero: (Indicate that you will show him another one.)

    El señor González: ¿Cuánto cuesta este cuarto?
    El hotelero: (Indicate amount.)

el hotelero—hotel keeper
piso—floor

41. Dos amigos conversan en un club a orillas de un lago.

    Octavio: Miguel, ¿quieres nadar conmigo?
    Miguel: (Indicate that you like to swim.)

    Octavio: ¿Por qué no llamas a tu amiga Rosa?
    Miguel: (Indicate why she cannot come.)

    Octavio: Como yo no sé nadar bien, tú puedes ayudarme.
    Miguel: (Answer that you would be glad to.)

    Octavio: Vamos cerca del agua donde no hace tanto calor.
    Miguel: (Answer that you will follow him.)

    Octavio: Aquel letrero dice: "Cuidado, muy hondo".
    Miguel: (Suggest another spot.)

nadar—to swim
letrero—sign

42. Usted está sentado en el tren que va a Madrid. Un joven se acerca y le pide
    permiso para sentarse al lado de usted.

    El joven dice: ¿Se puede? ¿Está ocupado el asiento?
    Usted contesta: (Indicate that it is not.)

El joven dice: Yo soy Juan Medina. ¿Y usted?
Usted contesta: (State your name.)

El joven dice: ¿Sabe usted a qué hora llega el tren a Madrid?
Usted contesta: (Indicate the time.)

El joven dice: Es mi primer viaje a Madrid.
Usted contesta: (Indicate the number of times you have been to Madrid.)

El joven dice: Espero que mis amigos me encuentren en la estación.
Usted contesta: (Indicate that you are glad you met him.)

> sentarse—*to sit down*
> al lado de—*next to*
> el asiento—*seat*

43. Julia está hablando por teléfono con su amiga Susana.

Julia: Hace tres semanas que no veo <u>una película</u>.
Susana: (Suggest going to the movies that evening.)

Julia: Voy a leer <u>los anuncios de cines</u> para ver las películas que se exhiben.
Susana: (Indicate that you will see any film.)

Julia: Dicen que la película que dan en el Rialto es magnífica.
Susana: (Indicate willingness to go.)

Julia: Está bien. Iremos temprano. A mí no me gusta ir tarde.
Susana: (State that you also do not like to go late.)

Julia: Después del cine podemos ir a tomar un refresco.
Susana: (Indicate that the idea is acceptable.)

> una película—*a film*
> los anuncios del cine—*movie listings*

44. Un señor entra en <u>una librería</u> para comprarle un libro a su primo. El librero
     le recomienda varios libros.

Librero: Buenos días, señor. ¿Qué clase de libro busca?
Cliente: (Answer that you want a gift for your cousin.)

Librero: Muchos clientes prefieren libros de arte.
Cliente: (Indicate that he has many of those.)

Librero: Tenemos un magnífico libro sobre <u>los toros</u>.
Cliente: (Indicate that he has no interest in that topic.)

Librero: ¿A su primo le gusta la música?
Cliente: (Answer that he likes sports and history.)

Librero: Aquí tiene usted un nuevo libro sobre nuestra Guerra Civil.
Cliente: (Answer that you will take it.)

una librería—*a bookstore*   los toros—*the bulls*
la guerra—*war*

45. Joaquín está buscando trabajo. Al salir a la calle se encuentra con su amigo,
     Fernando, y empiezan a hablar.

Joaquín: Tengo que buscar empleo para ganarme la vida.
Fernando: (Wish him luck.)

Joaquín: ¿Es verdad que tú trabajas en una oficina?
Fernando: (Indicate where you work.)

Joaquín: ¿Qué sueldo ganas?
Fernando: (Indicate amount.)

Joaquín: ¿Hay alguna vacante donde tú trabajas?
Fernando: (Answer that it is a possibility.)

Joaquín: ¿En qué calle se halla esa firma?
Fernando: (Give address.)

encontrarse con—*to meet*   ganarse la vida—*to earn a living*
empleo—*job, employment*   sueldo—*salary*

46. Alguien está llamando a la puerta. Es de noche y todo está tranquilo. El señor
     Pérez está leyendo el periódico.

El señor Pérez: ¿Quién es?
El visitante: (Answer that you are a friend)

El señor Pérez: Ah, buenas noches. Pase Ud. y perdone que lo haya hecho
                   esperar.
El visitante: (Answer that you were not waiting long.)

El señor Pérez: ¿Cómo está su familia? Hace mucho tiempo que no la veo.
El visitante: (Indicate how they are, and invite him for dinner the next
                   evening.)

El señor Pérez: Pues dígale a su esposa que acepto con mucho gusto. ¿A qué
                   hora quiere que vaya?
El visitante: (Indicate the time.)

El señor Pérez: Ay, ahora me acuerdo de que mañana tengo otro compro-
                  miso.
El visitante: (Express regret that he cannot come.)

alguien—*someone*
el periódico—*newspaper*

47. Eugenio, un turista americano, quiere poner un telegrama a sus padres que
     viven en los Estados Unidos. Entra en una oficina de telégrafo.

Eugenio: Quiero poner un telegrama.
El empleado: (Ask him to briefly write it down.)

Eugenio: ¿Tengo que escribirlo con lápiz o con <u>tinta</u>?
El empleado: (Indicate preference.)

Eugenio: Son diez palabras justas sin contar la dirección.
El empleado: (Tell him how much it will cost.)

Eugenio: Deseo pagar <u>la respuesta</u>.
El empleado: (Indicate that it will cost him double the amount.)

Eugenio: Aqué está el dinero. ¿Me puede dar <u>un recibo</u>?
El empleado: (Offer it to him.)

tinta—*ink*
la respuesta—*answer*
un recibo—*a receipt*

48. Un señor y su señora están dando un paseo en coche por la ciudad. Están de
     vacaciones y visitan los sitios de interés.

El esposo: Gracias a Dios que no hay mucho <u>tránsito</u>.
La esposa: (Answer that the reason there isn't much traffic is because it's
                Sunday.)

El esposo: ¡Qué ciudad! Tiene <u>edificios</u> magníficos.
La esposa: (Indicate how clean the city is.)

El esposo: ¿Qué te parece la casa del gobernador?
La esposa: (Answer that it is beautiful.)

El esposo: ¿Qué es ese <u>ruido</u>? Parece que el motor está <u>golpeando</u>.
La esposa: (Indicate something is wrong.)

El esposo: Veo una gasolinera allá abajo.
La esposa: (Indicate the need to go there.)

el tránsito—*traffic*   ruido—*noise*
edificios—*buildings*   golpear—*to knock*
    una gasolinera—*a gas station*

49. Edgardo entra en una sastrería a comprar un traje nuevo. El sastre lo recibe cortésmente.

Edgardo: Quiero que me muestre unos trajes hechos.
El sastre: (Answer that you have a blue suit that he would like.)

Edgardo: Señor, los pantalones son muy ajustados y las mangas demasiado cortas.
El sastre: (Answer that you will adjust them.)

Edgardo: ¿Cuánto dijo que me costaría arreglarlo?
El sastre: (Indicate cost.)

Edgardo: Me lo compro. ¿Tiene camisas aquí también?
El sastre: (Indicate that you have.)

Edgardo: El mes que viene me mandaré a hacer un traje a la medida.
El sastre: (Thank him for coming to your store.)

una sastrería—*a tailorshop*	las mangas—*sleeves*
un traje—*a suit*	demasiado—*too much*
el sastre—*the tailor, m.*	arreglar—*to adjust, to fix*
unos trajes hechos—*ready-made suits*	camisas—*shirts*
ajustado—*tight*	un traje a la medida—*a tailored-made suit*

50. Usted entra en un pequeño hotel de España para pedir un cuarto.

El dueño dice: ¿En qué puedo servirle, señor?
Usted contesta: (State that you want a single room.)

El dueño dice: ¿Tiene usted habitación reservada?
Usted contesta: (Indicate that you called this morning.)

El dueño dice: Tengo solamente un cuarto con baño a doscientas cincuenta pesetas. Está incluido el desayuno.
Usted contesta: (Answer that you will take it.)

El dueño dice: ¿Cuánto tiempo piensa quedarse?
Usted contesta: (Indicate duration.)

El dueño dice: ¿Dónde está su equipaje? Lo haré subir.
Usted contesta: (Answer that it is in your car.)

el desayuno—*breakfast*
el equipaje—*baggage*

PART II

Simulated Speaking
Situations

Directions (1-50): The teacher will read aloud twice in succession the following conversational situations in Spanish. Then the teacher will pause while you write an appropriate response in Spanish for the situation.

Sentence fragments, as well as complete sentences, questions, or commands in Spanish, may be used in the responses, but only if they are in keeping with the particular situation. Numerals are not to be used. If a response includes a date, time, amount of money, or other number, write out the number.

For self-instruction, use the preceding directions together with the supplementary cassette tape to complete the first situation. For the remaining dialogues, read the setting and part of the first speaker in the book. Then write an appropriate response for the second speaker in Spanish.

PART II

1. Un muchacho y una muchacha se encuentran y hablan de un baile.

    La muchacha: —¿Qué <u>clase</u> de baile es?
    El muchacho: ____

                                                    clase—*kind*

2. La señora López está hablando con el <u>dueño</u> de una <u>tienda de comestibles</u>.

    El dueño: —¿Qué desea usted, señora?
    La señora López: ______________________________________

                              dueño—*owner, m.*
                              tienda de comestibles—*grocery store*

3. Pablo entra en un restaurante y habla con <u>el camarero</u>.

    Pablo: —¿Cómo preparan aquí los huevos?
    El camarero: ____

                                        el camarero—*the waiter*

4. Dos estudiantes hablan de la clase de español.

    El primero: —¿A qué hora <u>empieza</u> la clase de español?
    El segundo: ____

                                              empezar—*to begin*

5. María hace una visita al apartamento de Juana.

    María: —¡Qué apartamento tan moderno!
    Juana: ____

6. Guillermo hace una visita a su amigo Jaime, que está enfermo.

Guillermo: —¿Qué tienes?
Jaime: ____

7. Silvia y Carmen piensan ir al cine.

Silvia: —¿Cuándo quieres ir al cine?
Carmen: ____

8. Miguel y Tomás se encuentran en una calle del <u>centro</u>.

Miguel: —Hola, Tomás, ¿qué haces aquí?
Tomás: ____

el centro—*downtown*

9. Andrés y Raúl hablan de una fiesta a la cual <u>asistieron</u> los dos.

Andrés: —¡Qué fiesta! Estuvo magnífica.
Raúl: ____

asistir—*to attend*

10. Felipe y Alberto hablan enfrente de la escuela.

Felipe: —Llegamos temprano. Nos <u>quedan</u> todavía quince minutos.
Alberto: ____

quedar—*to remain, to have left*

11. Dos amigos, Pepe y Paco, están viajando en auto.

Pepe: —¿Quieres manejar tú ahora? Estoy cansado.
Paco: ____

12. Dos amigos están en la estación del <u>ferrocarril</u>. Van a hacer un viaje por tren.

El primero: —¡<u>Cuánta</u> gente hay!
El segundo: ____

ferrocarril—*railroad*
¡Cuánta!—*What a great deal!*

13. Dos estudiantes, Tony y Rita, hablan de la nueva maestra.

Tony: —Me parece que Miss Rogers sabe dar la clase muy bien ¿A ti te gustó también?

Rita: ____

14. Dolores invita a su amigo a comer en su casa.

Dolores: —Me alegro que aceptaras mi invitación.

Su amigo: ____

15. Pedro y José preparan un viaje.

Pedro: —¿Cuánto dinero necesitamos para el viaje?

José: ____

16. Dos viajeros están hablando en el comedor del tren.

El primero: —¡Qué vista tan bella!

El segundo: ____

17. María va a una tienda de curiosidades. El dependiente le habla cuando está en la puerta.

El dependiente: —¿En qué puedo servirla?

María: ____

una tienda de curiosidades—*a novelty shop*
el dependiente—*the clerk, m.*

18. Dos amigos se encuentran en la calle.

El amigo: —¿Qué vas a hacer ahora?

El otro: ____

19. Roberto y Carla van a casarse. Quieren comprar una casa. Leen los anuncios en el periódico.

Roberto: —Hay una casa que tiene once cuartos, tres baños y un garaje.

Carla: ____

casarse—*to get married*
los anuncios—*the advertisements*

20.   Dos amigos están en la playa.

El primero: —¿Quieres ir a <u>nadar</u>?
El segundo: ____

nadar—to swim

21.   Isabel y Rosa están esperando <u>el desfile</u>.

Isabel: —¿Por dónde va a pasar el desfile?
Rosa: ____

el desfile—the parade

22.   Manuel y María <u>acaban de comer</u>. Están en la casa de María.

Manuel: —La comida ha estado deliciosa.
María: ____

acabar de + Infinitivo—to have just + Past Participle

23.   El señor González y el señor Méndez trabajan en el mismo edificio. Toman el
mismo autobús para volver a casa.

El señor González: —Parece que va a llover. Saldremos diez minutos antes.
El señor Méndez: ____

24.   Hace mal tiempo y Roberto está en casa de su amiga Linda; quieren <u>entrete-
nerse</u> escuchando discos, mirando la televisión o <u>charlando</u>.

Linda: —Vamos a la sala, tengo unos discos nuevos.
Roberto: ____

entretenerse—to entertain
charlar—to talk

25.   Isabel y Patricia son amigas de escuela. Las dos estudian biología y matemáticas.

Isabel: —Yo encuentro muy difícil la biología. ¿Puedes <u>ayudarme</u>?
Patricia: ____

ayudar—to help

26. Carlos y su amigo hablan de la ciudad.

Carlos: —La vida aquí es muy próspera.
Su amigo: ____

27. María tiene <u>catarro</u> y no se siente bien. Decide ir a ver al médico. Al entrar
habla con la <u>enfermera</u>.

María: —¿Puedo ver al doctor? Tengo un dolor de cabeza horrible y un
catarro serio.
La enfermera: ____

un catarro—*a cold*
la enfermera—*the nurse, f.*

28. La familia Sánchez prepara la mesa para la visita. La hija y el marido ayudan
a la señora Sánchez.

La señora: —La mesa <u>luce</u> bien. ¿Dónde vamos a poner <u>las tazas</u>?
La hija: ____

lucir—*to look, to appear*
las tazas—*the cups*

29. Felipe y Carmen quieren comprar un regalo para el cumpleaños de su madre.
Van al centro y hablan de qué pueden comprar.

Felipe: —¿Sabes lo que necesita mamá?
Carmen: ____

30. Juan y Jorge no tienen clases. Deciden ir al museo para ver una exposición de
<u>los cuadros</u> de Picasso.

Juan: —Creo que me va a gustar la exposición.
Jorge: ____

los cuadros—*the paintings*

31. Hace calor y María y Pablo deciden ir a <u>la playa</u>. Se preparan para pasar todo el día allí.

María: —Voy a preparar <u>un almuerzo</u> muy abundante. Cuando voy a la playa siempre <u>tengo hambre</u>.

Pablo: ____

la playa—*the beach*
un almuerzo—*a lunch*
tener hambre—*to be hungry*

32. Carlos y Leonardo van a visitar una universidad donde piensan matricularse. Un profesor les muestra los dormitorios y responde las preguntas de los dos estudiantes.

Carlos: —Buenos días, señor profesor. Yo soy Carlos Lucas.

Leonardo: ____

33. María está triste porque nadie la ha invitado al baile que hay en la escuela. Su amiga <u>trata de</u> alegrarla.

María: —Estaba segura de que Marcos iba a invitarme a ir al baile.

Su amiga: ____

tratar de—*to try to*
alegrar—*to make happy*

34. Es viernes y mamá va al supermercado a comprar <u>víveres</u> para el fin de semana. La acompaña su <u>vecina</u>.

Mamá: —<u>Tengo visita</u> el sábado y no sé qué voy a preparar.

Su vecina: ____

los víveres—*the groceriess*
la vecina—*the neighbor, f.*
tener visita—*to have company*

35. Los señores Mirabella tienen un auto viejo que no funciona bien.

El señor Mirabella: —Ya el auto se <u>descompone</u> mucho y cuesta bastante <u>arreglarlo</u>. ¿Te parece buena idea comprar otro nuevo?

La señora: ____

descomponer—*to breakdown*
arreglarlo—*to fix, to repair*

36. Dos amigos hablan del viaje que piensan hacer al <u>campo</u>.

El primero: —¿A qué hora salimos de la ciudad?
El segundo: ____

el campo—the country

37. Luis, que está de vacaciones en la ciudad, entra en <u>una zapatería</u> a comprar un par de zapatos. Habla con el dependiente.

Luis: —Quisiera comprar un buen par de zapatos.
El dependiente: ____

una zapatería—a shoe store

38. Una empleada en las oficinas del Seguro Social lo está ayudando a solicitar su seguro por <u>desempleo</u>.

Empleada: —¿Cuánto tiempo llevaba trabajando para esa compañía?
Usted: ____

desempleo—unemployment

39. Ramón y Eduardo son dos amigos que hablan por teléfono de <u>una reunión</u>.

Ramón: —Como todavía no me siento bien, no podré asistir a la reunión. Lo siento mucho.
Eduardo: ____

una reunión—a meeting

40. Hoy es el primer día de primavera y algunos estudiantes van al parque para <u>disfrutar</u> del buen tiempo que hace.

Estudiante A: —Vamos al parque a ver si hay peces en el estanque.
Estudiante B: ____

disfrutar—to enjoy

41. Juana y Miguel hablan por teléfono.

Miguel: —De acuerdo. ¿Por qué no jugamos al tenis el sábado por la mañana?
Juana: ____

42. Susana y Elena discuten un viaje a México. Están en un restaurante.

    Susana: —Hablé con mis padres y dicen que, si no <u>cuesta</u> mucho, puedo ir a México este verano.

    Elena: ____

costar—to cost

43. Marcos e Isabel, dos estudiantes hispanoamericanos, están en el patio de su escuela <u>charlando</u> de varias cosas.

    Marcos: —No puedo. Es semana de exámenes finales y mañana tengo que examinarme de <u>química</u>.

    Isabel: ____

charlar—to talk, to chat
química—chemistry

44. Diego y su madre se encuentran en <u>una tienda de comestibles</u>.

    La madre: —Voy a comprar <u>pescado</u> <u>más a menudo</u> porque es <u>saludable</u>.
    Diego: ____

una tienda de comestibles—a grocery store
pescado—fish
más a menudo—more often
saludable—healthy

45. José está pasando sus vacaciones en un país de habla española.

    José: —¿Está muy lejos <u>el correo</u>?
    El policía: ____

el correo—the post office

46. Ovidio y su amigo Rodolfo están paseando en automóvil. A esa hora hay mucho tráfico y a Ovidio le es muy difícil <u>manejar</u>.

    Ovidio: —¡Cuántos autos! Qué raro es encontrar tantos carros aquí el domingo.

    Rodolfo: ____

manejar—to drive

47. Un padre habla con su hijo sobre su futura <u>carrera</u>.

El padre: —Me parece muy bien que pintes, pero hazlo después de terminar
tu carrera de <u>ingeniero</u>.

El hijo: ____

carrera—*career*
ingeniero—*engineer*

48. Ud. está en la sala de espera de un hospital. Una enfermera se acerca.

La enfermera: —Felicidades, su mujer ha dado a luz <u>un nene</u> de diez <u>libras</u>.
Ud.: ____

un nene—*a baby, m.*
libras—*pounds*

49. Ud. y su amigo están mirando <u>una corrida de toros</u>.

Su amigo: —No me gusta. Me parece demasiado cruel.
Ud.: ____

una corrida de toros—*a bullfight*

50. Luis está visitando Madrid. Un guía le está explicando algo con rapidez.

El guía: —Este edificio es el museo del Prado, ése es el Hotel Palace, aquél es
el Palacio de Comunicaciones ...

Luis: ____

PART III

Reading Comprehension
Long Passages

Directions (1-50): Below each of the following passages there are one or more questions or incomplete statements followed by answers lettered *a* to *d*. For each, write the letter of the word or expression that best answers the question or completes the statement in accordance with the meaning of the passage.

The correct answers are on p. 197 of the book.

PART III

Reading Comprehension
Long Passages
Vocabulary

1.   Un <u>ciego</u> que pasaba por un camino muy irregular, <u>tropezó</u> con una piedra y se cayó. No pudiendo seguir solo, se sentó sin saber qué hacer. Al poco rato oyó ruido de pasos.

—Amigo mío –gritó el ciego– ¿me puedes ayudar a cruzar este camino?

—De <u>buena gana</u> lo haría—respondió una voz—pero soy <u>cojo</u> y me <u>cuesta</u> <u>mucho</u> caminar. Tú en cambio pareces muy fuerte.

—Sí, soy fuerte, pero no veo—dijo el ciego.

—Tengo una idea—dijo el cojo. Yo <u>te orientaré</u> con mis ojos y tú me ayudarás con tus piernas.

—Muy bien—dijo el ciego—saldremos adelante si nos ayudamos mutuamente. Y así lo hicieron. El cojo se subió en las espaldas del ciego y lo orientaba para no tropezar.

> ciego—*blind*   tropezar con—*trip on*   de buena gana—*gladly*   cojo—*lame*
> costar mucho—*it is difficult*   orientar—*to direct*

1.   ¿Qué le pasó al ciego?

    a.   Recuperó la vista.
    b.   Se sentó a comer.
    c.   Siguió caminando después de haberse caído.
    d.   Se sentó a esperar.

2.   ¿Por qué no podía ayudarle el recién llegado?

    a.   Porque tenía prisa.
    b.   Porque no le gustaba el ciego.
    c.   Porque tenía un defecto físico.
    d.   Porque no le gustaba ayudar a nadie.

3. ¿Qué nos enseña este cuento?

    a. Que el ciego no ve.
    b. Que el cojo no puede caminar.
    c. Que la unión hace fuerte a los débiles.
    d. No significa nada.

2.   Yo estudiaba en Los Angeles, Estados Unidos, cuando me descubrió Groucho Marx. El buscaba caras nuevas y de ser posible, exóticas. Me encontró a mí . . .

Kuldip sonríe. Iba a convertirse en un cantante famoso. En contraste con los ritmos violentos de moda, él traería canciones románticas y sentimentales.

Gané mucho dinero. Entonces llegó mi padre y se enteró de lo que ocurría. Mis estudios no iban muy bien. Mi padre quería que yo terminara la carrera de medicina para que, el día en que volviera a la India y me pusiera <u>al frente</u> de nuestros súbditos, pudiera serles útil en alguna forma. Me propuso elegir un país donde terminar mis estudios. Después de pensarlo mucho, me decidí por España. Y aquí estoy. Hace aproximadamente un año que vivo en España.

al frente—in the forefront; at the head of

1. ¿Qué hacía en Los Angeles el joven?

    a. Leía.
    b. Estudiaba.
    c. Nada.
    d. Buscaba trabajo.

2. ¿Qué tipo de canciones iba a cantar?

    a. Rumbas.
    b. Operas.
    c. Tangos.
    d. Románticas.

3. ¿Por qué se preocupó el padre?

    a. Porque quería que terminara sus estudios.
    b. Porque gastaba dinero.
    c. Porque su hijo estaba enfermo.
    d. Porque volvió a la India.

4. ¿Adónde fue a terminar sus estudios?

    a. A Hollywood.
    b. A Los Angeles.
    c. A España.
    d. A la India.

3.   La joven que estaba prestando voluntariamente el servicio de <u>atender</u> al público en un hospital de Buenos Aires notó que un caballero anciano había estado esperando en el vestíbulo por más de una hora. Por fin lo vio dirigirse a su <u>escritorio</u>.

—¿Quiere usted decirme –preguntó a la señorita– si el señor Carlos García, paciente del hospital, puede recibir visitas?

La joven contestó en seguida:

—No, no puede, señor. Pero su salud está <u>mejorando</u>.

—Muchas gracias, señorita. Me encanta saberlo—dijo el caballero. —He estado allá arriba, en ese cuarto, por diez días y nunca pude yo <u>conseguir</u> que el médico dijese cómo seguía yo. Por eso, resolví vestirme y bajar aquí a <u>averiguarlo</u>. Yo soy Carlos García.

> atender—*to serve*   escritorio—*desk*   mejorar—*to get better*
> conseguir—*to succeed*   averiguar—*to find out*

1.   ¿Qué hacía la joven en el hospital?

    a.   Estaba de visita.
    b.   Trabajaba sin salario
    c.   Era enfermera.
    d.   Era una paciente.

2.   ¿Qué fue a hacer el hombre?

    a.   Fue a hablarle a la señorita.
    b.   Fue a escribir una carta.
    c.   Fue a charlar con el cirujano.
    d.   Fue a mirar una cosa muy extraña.

3.   ¿Cómo estaba Carlos García?

    a.   Iba peor.
    b.   Se había restablecido completamente.
    c.   Seguía mejor.
    d.   Se moría.

4.   ¿Por quién preguntaba el señor?

    a.   Por un amigo.
    b.   Por un desconocido.
    c.   Por un hermano suyo.
    d.   Por sí mismo.

4. Los relojes sirven para indicar la hora. Antes, no era tan necesario como hoy día, pues entonces la gente no vivía tan de prisa como ahora. Nuestros abuelos nos cuentan que, cuando eran jóvenes, los minutos, los cuartos de hora, las medias horas no tenían gran importancia. Para reunirse una persona con otra en algún lugar, se decían por ejemplo: "Te espero en tal lugar mañana al ponerse el sol" o bien, "al mediodía iré a tu casa". En aquellos tiempos felices el hombre miraba hacia el cielo con más frecuencia que en este siglo; era guiado por el sol para calcular la hora.

tan de prisa—*so hurriedly*   ponerse el sol—*sunset*

1. ¿Por qué no era el reloj tan necesario antes como ahora?

    a. Las personas aprovechaban el tiempo.
    b. Los carros andaban más rápidamente.
    c. No tenía tanta prisa la gente.
    d. La gente trabajaba mejor.

2. ¿Qué había en la juventud de nuestros abuelos?

    a. Otro concepto de la importancia del tiempo.
    b. Menos tiempo para todo.
    c. Más diversiones.
    d. Menos pasatiempos.

3. ¿Cómo se daban cita las personas?

    a. Refiriéndose a la mañana.
    b. Teniendo en cuenta la tarde.
    c. En forma vaga e imprecisa.
    d. Estableciendo una hora muy precisa.

4. Aquellas épocas antiguas se caracterizaban por la

    a. desgracia.
    b. felicidad.
    c. falta de inteligencia.
    d. exactitud absoluta.

5. Un viajero llegó a una posada una noche de las más frías de diciembre, y al pasar por la cocina vio que todos los asientos estaban ocupados por la mucha gente que había alrededor del fuego, causándole la mayor pena el no poder acercarse a calentarse las manos. "Mozo —dijo en voz alta al criado— darás, al momento, a mi caballo, dos docenas de ostras". El mozo obedeció, y todas las personas que estaban en posesión de la lumbre no pudieron resistir al deseo de ver al animal tan

extraordinario; se levantaron y marcharon <u>en tropel</u> a la caballeriza. Entretanto el viajero tomó el mejor asiento junto al fuego, y un instante después llegó el mozo a decirle que el caballo no quería comer las ostras. "¡Cómo! ¿No las quiere?", preguntó muy serio el viajero. "Pues, ponme aquí la mesa, y me las comeré yo a su salud".

> posada—*inn, boarding house*　causar pena—*to make one sad*
> ostras—*oysters*　lumbre—*fire*　en tropel—*in a mad rush*

1.　¿Qué tiempo hacía?

　　a.　Calor.
　　b.　Fresco.
　　c.　Frío.
　　d.　Viento.

2.　¿Qué plan le vino a la mente?

　　a.　Irse de la posada.
　　b.　Gritar: ¡fuego!
　　c.　Pedir ostras para su caballo.
　　d.　Ir delante del fuego para calentarse.

3.　¿Por qué dio la orden en voz alta?

　　a.　Estaba enfadado.
　　b.　Había mucho ruido.
　　c.　Era importante que su caballo comiese pronto.
　　d.　Conocía la curiosidad de la gente.

4.　¿Qué logró el viajero?

　　a.　Que su caballo comiese bien.
　　b.　Mostrar su animal raro.
　　c.　Conseguir asiento junto al fuego.
　　d.　Dar miedo a todo el mundo.

6.　Había un grupo de señores en un hotel, hablando de sus viajes. Contaban incidentes muy exagerados, entre los que había el siguiente, pronunciado por un famoso <u>embustero</u>.

　　—El invierno pasado tuve que hacer un largo viaje, a caballo, por terreno montañoso y muy frío. A media tarde empezó a nevar tanto que hizo desaparecer todos los caminos. Jamás he visto <u>copos</u> de tal tamaño. Sin embargo, seguí avanzando sin miedo a nada, a pesar de que pronto las sombras de la noche empezaron a llegar. Entonces, no tuve más remedio que detenerme. Me acosté en el suelo y <u>até</u> mi caballo a un <u>hierrecito</u> que se podía ver entre la nieve. Al despertarme, quedé muy sorprendido. Había salido el sol, derritiendo la nieve. Yo estaba acostado al pie de la torre de la iglesia y mi caballo, allá arriba, estaba atado a la <u>veleta</u> que era el hierrecito que el día anterior se mostraba entre la nieve. La tempestad de nieve había cubierto enteramente el pueblo, con iglesia y todo.

embustero—*liar*   copo—*snow flake*   atar—*to tie*
hierrecito—*small piece of iron*   veleta—*weather vane*

1.   El que cuenta sus aventuras es

    a.   un famoso autor.
    b.   un historiador desconocido.
    c.   un mentiroso renombrado.
    d.   un profesor inteligente.

2.   La tempestad de nieve había

    a.   borrado todas las carreteras.
    b.   iluminado la ciudad.
    c.   guiado al viajero.
    d   lavado los caminos.

3.   El caballo estaba

    a.   muerto en la calle.
    b.   en lo alto de la iglesia.
    c.   durmiendo a pierna suelta.
    d.   perdido por la ciudad.

4.   A la mañana siguiente

    a.   la nieve había desaparecido.
    b.   el hombre no encontró su dinero.
    c.   había mucha gente.
    d.   hacía calor.

7.   Un viajero decía que había recorrido las cinco partes del mundo; y entre las muchas curiosidades que había observado, había una, añadía, de la cual ningún autor se había ocupado hasta entonces. Esta maravilla, según él, era una <u>col</u> tan grande y tan alta, que bajo cada una de sus hojas cincuenta soldados podían formar en batalla y hacer ejercicio sin molestarse unos a otros. Un amigo suyo le escuchaba atentamente, <u>no se cuidó de</u> <u>desmentirle</u>, pero cuando concluyó le dijo con la mayor sangre fría, que él también había viajado; y que una vez, estando en el Japón, vio

que unos trescientos obreros estaban ocupados en la construcción de una <u>caldera</u>, y solamente para pulirla había ciento cincuenta hombres empleados. "Pero, ¿para qué podría servir tan enorme caldera?", preguntó dudoso el viajero. "Probablemente para cocer la col de que usted me hablaba hace un momento," le respondió su amigo.

col—*cabbage*   no cuidarse de—*not to bother to*
desmentir—*to call him a liar*   caldera—*pot*

1. El hombre

    a.   había viajado cinco veces.
    b.   no había viajado nunca.
    c.   había viajado por todas partes.
    d.   había leído mucho de viajes.

2. La cosa más notable que había visto era

    a.   una mujer gigantesca.
    b.   un hombre enorme.
    c.   una planta de tamaño excesivo.
    d.   un edificio altísimo.

3. Para no insultarlo, ¿qué hizo el amigo?

    a.   Oyó todo con paciencia y en silencio.
    b.   Le dio la razón.
    c.   Le contó una mentira semejante.
    d.   Fingió sorpresa.

4. ¿Qué maravilla había visto el amigo

    a.   La misma col de su amigo.
    b.   Una olla gigantesca.
    c.   Muchos japoneses.
    d.   No había visto nada.

5. ¿Para qué se necesitaban ciento cincuenta hombres?

    a.   Para mover la caldera.
    b.   Para lustrar la caldera.
    c.   Para construir la caldera.
    d.   Para destruir la caldera.

 Era la Nochebuena. Millares de luces brillaban en los <u>altares</u> de la catedral. Los <u>fieles</u>, llenos de gusto y de alegría, entonaban armoniosos cantos. Grandes y pequeños, ricos y pobres, se acercaban al hermoso <u>pesebre</u> y dejaban allí su ofrenda de flores, de frutas, de piedras preciosas y de monedas de <u>cobre</u>, de oro y de plata.

Una niña con los pies desnudos, y con su <u>rebozo</u> en la cabeza, estaba <u>tiritando</u> de frío en la puerta de la catedral. Al fin, muy cansada y muy triste se retiró de la puerta. En ese momento vio a una hermosa joven que con dulcísimo acento le preguntaba: "¿Por qué te vas?, ¿Por qué no entras a ver al pequeño Jesús?" "Porque no tengo nada que darle al niño," respondió la pobrecita, llorando.

"Mira, corta esa hierba; está tan verde y tan hermosa." La niña cortó la <u>hierba</u>, entró en la iglesia y puso su humilde ofrenda al pie del pesebre. Y, ¡oh maravilla de las maravillas! ¡Allí en el suelo <u>brotó</u> la flor de Nochebuena! He aquí la hermosa poinsettia, flor de Pascua que América ha dado al mundo. Fue nombrada por el señor Joel Roberts Poinsett, ministro americano en México, quien la cultivó.

altar—*altar* fieles—*churchgoers* pesebre—*creche* cobre—*copper*
rebozo—*scarf* tiritando—*shaking* hierba—*grass* brotar—*to sprout*

1. El cuento ocurre

    a. el cuatro de julio.
    b. el doce de octubre.
    c. el veinticuatro de diciembre.
    d. el veintidós de febrero.

2. La niña se encontraba

    a. cerca de la casa de una amiga.
    b. cerca de un almacén.
    c. cerca de una iglesia.
    d. cerca de un parque oscuro y frío.

3. ¿Cómo se describiría la ofrenda?

    a. Fea, pero cara.
    b. Bonita, pero sin valor.
    c. Maravillosa.
    d. De gran valor.

4. Esta flor se cultivó en

    a. un jardín.
    b. una iglesia.
    c. la cocina.
    d. el bosque.

9. Pepita Montes estaba completamente engañada respecto a su novio, Curro Vázquez. Le veía joven, guapo, sonriente y humilde, sin <u>darse cuenta de</u> que no tenía corazón. Curro era el criado de don Francisco Calderón, el famoso <u>negociante</u> de caballos de Andújar. Lo había <u>sacado del arroyo</u>, y últimamente lo había hecho su muchacho de confianza. Le pagaba bien, y le gustaba que vistiese con elegancia y aun con <u>lujo</u>. Curro se aprovechaba de ellos, y enamoraba a las muchachas. Al conocer a Pepita, <u>quedó preso de</u> sus encantos. ¿Qué hacer para casarse con ella? Meditó mucho y <u>al fin resolvió</u> dejar de ser criado, negociar por su cuenta, y enriquecerse de cualquier modo.

darse cuenta de—*to realize*   negociante—*businessman, merchant*
sacar del arroyo—*to take out of the gutter*   lujo—*luxury*
quedar preso de—*to be fascinated*

1. ¿Cómo le parecía Curro a Pepita?

    a. Bien parecido y modesto.
    b. Insensible y pérfido.
    c. Fiel y honrado.
    d. Cobarde y desagradable.

2. ¿Cuál era el oficio de Curro?

    a. Jinete.
    b. Sirviente.
    c. Propietario de negocio.
    d. Amo de casa.

3. ¿Qué había hecho don Francisco a favor de Curro?

    a. Le había confiado su caballo.
    b. Le había presentado a Pepita.
    c. Le había dejado su riqueza.
    d. Le había dado oportunidad para vivir mejor.

4. ¿Qué cualidad de Curro encantaba a las chicas?

    a. Su risa.
    b. Su constancia.
    c. Su apariencia elegante.
    d. Su firme resolución.

5. ¿Por qué decidió Curro cambiar de empleo?

   a. Don Francisco le había arrojado a la calle.
   b. Quería hacerse rico.
   c. Buscaba una esposa bien criada.
   d. Le habían contado lo bueno de otros empleos.

10. El 20 de julio de 1969, el hombre pisó por primera vez el suelo de nuestro satélite, la luna. Este acontecimiento de gran trascendencia para la humanidad, se hizo posible gracias a las funciones de las computadoras electrónicas.

Después de este primer paso, los técnicos y exploradores científicos del programa espacial continúan a paso acelerado la investigación del espacio.

Los autores de obras fantásticas sobre este aspecto de exploración científica, que goza de tanta popularidad entre la juventud, temen que no puedan seguir produciendo obras que se comparen al impacto dramático de los reportajes sobre las conquistas del espacio de los últimos años.

pisar—to step on   acontecimiento—event

1. ¿Cuál es el arma más importante en la conquista del espacio?

   a. Los rifles.
   b. Las espadas.
   c. Los submarinos.
   d. Las computadoras.

2. La luna es

   a. un cometa.
   b. un continente.
   c. un satélite.
   d. una estrella.

3. Los autores de "ciencia-ficción" temen que sus obras no tengan tanto interés como los reportajes sobre la exploración espacial.

   a. Sí.
   b. No.
   c. Se ignora.
   d. Imposible.

11. Sería difícil mencionar alguna leyenda que haya tenido tanta atracción sobre los hombres como la de El Dorado. Según la tradición, El Dorado era el cacique de una tribu indígena de Sudamérica. Todas las mañanas se hacía cubrir el cuerpo de polvos de oro y, como tal vestido no le permitía dormir, se lavaba todas las noches,

cubriéndose otra vez de oro al día siguiente. Naturalmente, la región donde tal cosa ocurría debía tener minas de gran riqueza. Más tarde, el nombre vino a aplicarse a cualquier sitio imaginario donde se hallaban metales preciosos o donde se podía adquirir fácilmente la riqueza.

Al oír la noticia de este país legendario, los españoles hicieron numerosas expediciones en busca de El Dorado. Aunque no tuvieron éxito estas expediciones, no fueron absolutamente inútiles porque gran parte de los descubrimientos hechos por los conquistadores se debieron al afán de encontrar este fabuloso país.

cacique—*chief*   inútil—*useless*   afán—*zeal*

1. ¿Quién era El Dorado?

    a. Un diablo.
    b. Un mozo.
    c. Un cacique.
    d. Un preso.

2. ¿Qué hacía todas las mañanas?

    a. Se lavaba.
    b. Echaba sobre sí polvo de oro.
    c. Cubría a otros con polvo de oro.
    d. Recogía polvos de oro para el baño.

3. ¿Por qué se lavaba todas las noches?

    a. Para quitarse el polvo.
    b. Era muy religioso.
    c. Porque no le gustaba dormir.
    d. Trabajaba en el lodo.

4. ¿A qué se aplicó el nombre de El Dorado más tarde?

    a. A la imaginación.
    b. A los descubrimientos.
    c. A los sacerdotes ricos.
    d. A la fortuna imaginaria.

12. Fray Gómez se acercó pausadamente al que yacía en la tierra, le puso sobre la boca el cordón de su hábito, le echó tres bendiciones, y sin más médico ni más botica el descalabrado se levantó tan fresco, como si golpe no hubiera recibido.

—¡Milagro, milagro! ¡Viva fray Gómez!—exclamaron los espectadores. Y en su entusiasmo, intentaron llevar en triunfo al fraile. Este, para sustraerse a la popular ovación, echó a correr camino de su convento y se encerró en su celda.

La crónica franciscana cuenta esto último de una manera distinta. Dice que fray Gómez, para escapar de sus aplaudidores, se elevó en los aires y se dirigió desde el puente hasta la torre de su convento. Yo ni lo niego ni lo afirmo. Puede que sí y puede que no. Tratándose de maravillas, no <u>gasto</u> en defenderlas ni en refutarlas.

yacer—*lying* cordón—*cord* descalabrado—*one with a broken head*
sustraer—*to get away* celda—*cell* gastar—*to spend*

1. ¿Qué hizo fray Gómez?

    a. Rehusó ayudar al descalabrado.
    b. Capturó al ladrón.
    c. Curó al herido.
    d. Se negó a curar al herido.

2. ¿Qué le había pasado al hombre?

    a. Fue herido en la cabeza.
    b. Sufrió de desmayos.
    c. Perdía sangre de una pierna.
    d. Cayó muerto.

3. ¿Con qué hizo el milagro?

    a. Con golpes.
    b. Con medicinas.
    c. Con hierbas.
    d. Con una prenda de vestir.

4. Según la crónica franciscana, ¿qué hizo fray Gómez para escapar?

    a. Voló.
    b. Corrió.
    c. Se fue a caballo.
    d. Se escondió.

13. En la primavera de 1829 vino a España Washington Irving; es esta época del año la más a propósito para viajar por Andalucía. Entonces no había ferrocarril; el escritor americano iba montado a caballo en compañía de un amigo; les asistía llevando los <u>comestibles</u> para el camino un medio <u>escudero</u> que les contaba mil historias fantásticas de ladrones, de moriscos, de guerras pasadas y de <u>hazañas</u> remotas. Cuando llegaron a Granada, el amigo de Irving se despidió y el escritor americano se quedó solo. Entonces él, puesto que había venido a España para visitar

la Alhambra, creyó que lo mejor que podía hacer era irse a vivir a ella. Así lo hizo. Los días pasaban dulcemente para él; su habitación era una ancha y vieja sala del palacio árabe que él mismo arregló. Y así, en esta dulce, inefable calma, fue escribiendo las páginas de este libro tan bello, tan delicado, que se llama *The Alhambra*, uno de los pocos libros sutiles y generosos que se han escrito sobre España.

comestibles—*food*   escudero—*servant (shield bearer)*   hazañas—*deeds*

1.   Durante su visita, Irving viajó

    a.   en tren.
    b.   a pie.
    c.   a caballo.
    d.   en avión.

2.   Irving viajaba

    a.   solo.
    b.   con un amigo.
    c.   con dos personas.
    d.   con una mujer.

3.   Para mejor conocer la Alhambra, Irving

    a.   la visitó por dentro y por fuera.
    b.   se alojó en ella.
    c.   leyó muchos libros.
    d.   habló con mucha gente.

4.   Su vida en la Alhambra fue

    a.   un mal sueño.
    b.   un período de alegría ruidosa.
    c.   una serie de fiestas.
    d.   tranquila y suave.

5.   Se fue allí para

    a.   mejorar su salud.
    b.   huir del bullicio de la ciudad.
    c.   visitar la Alhambra y escribir sobre ella.
    d.   reposar.

14.   En Hispanoamérica, el arte moderno ha tenido, por lo general, una función social. En el Perú, José Sabogal es el jefe de un nuevo movimiento. Sus pinturas se refieren a la vida indígena. Su inspiración se encuentra en los <u>paisajes</u>, en los tipos nativos y en las regiones rurales de su país. Interpreta la vida por los ojos de los indios, teniendo como marco de sus pinturas la majestuosa <u>cordillera</u> de los Andes. Sus obras en blanco y negro tienen mucha fama. Tiene gran interés por los <u>frescos</u>. En Lima decoró las paredes de varias casas <u>particulares</u>. Sus pinturas nada tienen que ver con asuntos políticos. Es, desde hace varios años, director de la Escuela Nacional de Bellas Artes del Perú.

En una visita a los Estados Unidos expresó la esperanza de que se estableciera en este país un museo dedicado al antiguo arte indígena de las Américas.

paisajes—*landscapes*   cordillera—*mountain range*   frescos—*murals*
particulares—*private*

1.   ¿Cuál es el principal objetivo del arte moderno en Latinoamérica?

    a.   La alta clase social.
    b.   La integración social.
    c.   La etiqueta social.
    d.   La política.

2.   ¿Qué no se ve en sus obras?

    a.   Colores.
    b.   Motivos políticos.
    c.   Figuras humanas.
    d.   Paisajes.

3.   ¿Qué tipo de museo quería José Sabogal que se estableciera en los Estados Unidos?

    a.   Un museo de antropología.
    b.   Un museo del antiguo arte indígena americano.
    c.   Un museo del arte colonial.
    d.   Un museo de animales.

15.   El general Bernardo O'Higgins fue uno de los héroes de la independencia de Chile. Un día, mientras el general estaba en su cuarto estudiando ciertos planes de guerra, entró el edecán (*aide-de-camp*) y le dijo:
—General O'Higgins, un soldado desea hablar con usted.
—<u>Hágalo pasar</u>,—respondió el general.
El soldado, <u>animado</u> por las maneras finas y corteses del general, prolongó su visita más de lo necesario. Durante la conversación el soldado preguntó:

—¿Qué hace usted, mi general, cuando una visita es demasiado larga?

—Mi edecán tiene buenos ojos para eso. Cuando él cree que la visita debe terminar, entra y me dice que un grupo de oficiales me espera.

—¡Qué buena idea!

En ese momento el edecán del general entró en el cuarto, y saludando militarmente dijo:

—Mi general, no se olvide que un grupo de oficiales le espera.

El soldado <u>sonrió</u> y, <u>despidiéndose</u> del general, dijo:

—Ya comprendo, mi general.

> hágalo pasar—*let him come in*   animado—*encouraged*
> sonreír—*to smile*   despidiéndose—*saying good-bye*

1. ¿Quién fue el general Bernardo O'Higgins?

    a. Un héroe español.
    b. Un político.
    c. Un teniente.
    d. Un patriota chileno.

2. ¿Por qué prolongó su visita el soldado que vino a hablar con el general?

    a. El soldado tenía asuntos importantes que discutir.
    b. O'Higgins era un conversador agradable.
    c. El soldado no sabía cómo expresarse.
    d. O'Higgins no quería que el soldado se retirara.

3. Durante la conversación, ¿qué le preguntó el soldado al general?

    a. Por el estado de su salud.
    b. Por la situación política.
    c. Por los planes secretos de guerra.
    d. Por la forma de interrumpir una entrevista larga.

4. Al entrar el edecán en ese momento, ¿qué comprendió el soldado?

    a. Que la guerra había terminado.
    b. Que hablaba muy rápido.
    c. Que su entrevista había sido muy larga.
    d. Que había insultado al general.

16. Facundo se escondió en lo alto del árbol, desde donde pudo ver el tigre que se acercaba rápidamente hacia el lugar donde él estaba. El animal pasó sin detenerse, pero de pronto se detuvo, miró alrededor y volvió hasta el árbol. Arriba, entre el

follaje, se hallaba la víctima que buscaba. El tigre puso sus enormes garras sobre el tronco del árbol y saltó varias veces hacia Facundo, pero sin éxito. Cansado, se echó en el suelo a esperar. De vez en cuando lanzaba una mirada al fugitivo, que apenas se atrevía a moverse. Dos horas más tarde, llegaron por fin los dos amigos de Facundo. Sin perder tiempo, echaron sus lazos sobre la temible fiera y la ataron. Facundo bajó del árbol y mató al tigre con su cuchillo. Entonces supe lo que era tener miedo —decía después el general don Juan Facundo Quiroga, contando esta aventura a un grupo de oficiales.

follaje—*folliage* garra—*paw* lazo—*rope* fiera—*beast*

1. ¿Qué podía ver el fugitivo desde el árbol?

    a. Una casita.
    b. Una fiera.
    c. Un rebaño de ovejas.
    d. Un extranjero.

2. ¿Qué hizo el tigre para tratar de alcanzar al hombre?

    a. Trató de subir al árbol.
    b. Se escondió.
    c. Huyó.
    d. Se quedó dormido.

3. ¿Qué hizo el tigre cuando comprendió que no podía subir al árbol?

    a. Se fue.
    b. Se echó en el suelo bajo el árbol a esperar.
    c. Se paseaba mirando a Facundo.
    d. Decidió no preocuparse más por el fugitivo.

4. ¿Cómo murió el tigre?

    a. Le dispararon con una pistola.
    b. Le dispararon con una escopeta.
    c. Facundo lo mató con su cuchillo.
    d. No murió.

17. Benito Juárez llegó a la capital de Oaxaca de 9 años de edad, solo, sin amigos ni dinero, y sin saber una palabra de español. Sin embargo, los años que había trabajado de pastor en los campos, en las montañas y en los valles de Oaxaca, le habían dado un carácter firme, un espíritu independiente y un gran amor por sus compatriotas.

Este amor sincero le ganó muchos buenos amigos. Llegó a ser abogado y gobernador del estado en que nació, y presidente de su país. Siempre trataba de ayudar a sus compatriotas. Trató también de inspirar en ellos confianza en sus propias habilidades.

Decía a los enemigos de los indios que si había indios sucios, ignorantes o estúpidos, era porque no habían tenido oportunidades para aprender. Tenían que trabajar desde temprano hasta muy tarde, desde niños hasta viejos, sólo para subsistir. Por eso, no podían asistir a la escuela.

pastor—*shepherd*   asistir a—*attend*

1. ¿De qué edad llegó Benito Juárez a la capital de Oaxaca?

    a.   Llego de edad mediana.
    b.   Pocos meses después de su nacimiento.
    c.   Llegó de 9 años.
    d.   Llegó de 30 años.

2. ¿Cómo era Juárez?

    a.   Orgulloso.
    b.   Despótico.
    c.   Alto.
    d.   De carácter noble y perseverante.

3. El puesto más alto que ocupó Juárez fue

    a.   senador.
    b.   gobernador de Oaxaca.
    c.   un gran escritor.
    d.   presidente de su país.

4. ¿Qué hizo Juárez por sus compatriotas?

    a.   Los enseñó a tener confianza en sí mismos.
    b.   Los hizo ricos.
    c.   No hizo nada.
    d.   Los enseñó a leer.

18. Cristóbal Colón era un hombre bastante práctico. El principal objeto de sus viajes de exploración fue encontrar una nueva ruta para llegar a las Indias y establecer relaciones comerciales con los países riquísimos del Oriente.

En el primer viaje que hizo, llevó consigo un grupo de hombres que sabían hablar los idiomas entonces conocidos en Europa. Estos hombres le servirían de intérpretes para entenderse con los habitantes de las regiones que descubrieran.

66

Cuando llegaron los españoles a Guanahaní (la primera tierra americana descubierta), Colón ordenó a sus intérpretes que hablaran con los indios y le tradujeran sus conversaciones. Pero todo fue en vano, porque los indios sólo hablaban el taíno, un dialecto que los intérpretes no conocían.

Colón se preocupó mucho con esto y le pidió a sus intérpretes que estudiaran la lengua de aquellos nativos. Era necesario que ellos la aprendieran lo más pronto posible. Los intérpretes trabajaron tanto, que, al llegar a Cuba unas semanas más tarde, ya pudieron conversar con los habitantes de aquella hermosa isla.

bastante práctico—practical enough   las Indias—the Orient

1.   ¿Qué clase de hombres llevó Colón consigo a América?

    a.   Analfabetos.
    b.   Especialistas en idiomas extranjeros.
    c.   Marineros eruditos.
    d.   Ignorantes.

2.   ¿Por qué no comprendieron estos hombres a los indios?

    a.   Porque hablaban una lengua desconocida.
    b.   Porque no trataron de entenderlos.
    c.   Porque no se encontraron con indios.
    d.   Porque los indios no querían hablar.

3.   ¿Qué ordenó Colón a los intérpretes?

    a.   Que volvieran a España.
    b.   Que se esforzaran en hablar.
    c.   Que no se preocuparan de los indios.
    d.   Que aprendieran el taíno.

4.   ¿Qué sucedió cuando los españoles llegaron a Cuba?

    a.   Se comunicaron bien con los indios.
    b.   No les fue posible conversar con los habitantes.
    c.   Lucharon con los indios.
    d.   No había indios.

19. En cierta ciudad de España había un médico tan famoso que gente de todas partes del mundo iba a verlo para curarse. Sus descubrimientos <u>aumentaron</u> su fama. No solamente era conocido a causa de sus dotes como médico sino también porque <u>cobraba</u> mucho y guardaba todo el dinero que ganaba. Decía la gente que no se había casado únicamente por no tener más <u>gastos</u>.

Pasaron los años, se hizo viejo y un día se enfermó gravemente. Llamó a su criada Jacinta y en voz baja le dijo dulcemente: Jacinta, me voy a morir, tú me has sido fiel, deseo recompensarte por tus treinta años de servicio. Los ojos de Jacinta se abrieron, llenos de esperanza, al oír las palabras del viejo. —Sí, Jacinta—repitió el doctor—quiero recompensarte . . . He decidido dar tu nombre al último microbio que he descubierto.

aumentar—*to increase*   cobrar—*to collect*   gasto—*expense*

1. ¿Por qué era famoso el doctor?

    a. Era mal médico.
    b. Era muy buen médico.
    c. Era difícil conseguir entrevistarlo.
    d. Cobraba poco.

2. ¿Por qué llamó el doctor a su criada?

    a. Porque iba a dejarle mucho dinero.
    b. Porque quería dejarle todo lo que tenía.
    c. Porque quería premiarla por sus años de servicio.
    d. Porque quería contarle que iba a morir.

3. ¿Por qué no se había casado el médico?

    a. Porque no había encontrado una mujer de su gusto.
    b. Porque no tenía tiempo.
    c. Porque se divertía mucho estando soltero.
    d. Porque era muy avaro.

20. Barcelona es una de las ciudades más progresistas de España. La arquitectura es moderna, las calles son anchas y limpias. No vemos monumentos construidos por los moros como en otras ciudades. Es un gran puerto comercial y una ciudad antigua, pese a lo cual no cuenta con el tipo de arquitectura morisca de Sevilla y Granada. Fernando e Isabel la visitaron, pero nunca fijaron allí su residencia. En esta ciudad, recibieron los Reyes Católicos a Colón en 1493, después del descubrimiento de América.

Los habitantes de la región de Cataluña, de la que Barcelona es la capital, hablan el idioma catalán y se llaman catalanes. En sus escuelas los niños estudian catalán y español. La mayoría de los catalanes leen y hablan los dos idiomas. Al entrar en el puerto se ve el monumento más espléndido del mundo en honor a Colón. Aquel enorme globo que está en la cima de la alta columna representa el mundo. La figura que está sobre el globo es Colón, que mira al mar y extiende la mano para indicar el camino al Nuevo Mundo que él descubrió.

1. ¿Cuál es la ciudad más progresista de España?

    a. Sevilla.
    b. Granada.
    c. Barcelona.
    d. Madrid.

2. La mayor parte de los habitantes de Cataluña

    a. hablan muchos idiomas.
    b. hablan sólo español.
    c. no estudian español.
    d. son bilingües.

3. ¿Qué simboliza la mano extendida de Colón?

    a. La dirección hacia la capital.
    b. La entrada al puerto.
    c. El descubrimiento del Nuevo Mundo.
    d. El camino al cielo.

21. Un célebre experto en iluminación ofreció recientemente una comida, que se podría llamar fantástica. El propósito de esta comida era demostrar el efecto del color no sólo sobre la vista, sino también sobre el gusto, el tacto y el <u>olfato</u>, que están relacionados con ella. En vez de lámparas eléctricas corrientes, iluminaban el comedor lámparas especiales con filtros que hacían desaparecer todos los colores excepto el verde y el rojo.

En vez de lámparas eléctricas corrientes, iluminaban el comedor lámparas especiales con filtros que hacían desaparecer todos los colores excepto el verde y el rojo.

Los invitados, sumamente sorprendidos, vieron allí carne gris, papas rojas, ensaladas de color violeta y <u>guisantes</u> negros que parecían caviar. La leche era el color de la sangre y el café de un amarillo repugnante. La mayoría de los invitados no probó bocado y algunos se enfermaron. El experimento, no la comida, fue un completo éxito.

olfato—*smell (sense of smell)*   guisante—*pea*

1. ¿Qué quería demostrar el experto?

    a. El efecto de los colores en un cabaret.
    b. El efecto del color en la oscuridad.
    c. El efecto de los colores sobre los sentidos.
    d. El efecto de los colores después de comer.

2.   ¿Qué fue lo que no usó en su experimento?

    a.   Bebidas.
    b.   Los colores rojo y verde.
    c.   Comidas exquisitas.
    d.   Lámparas eléctricas corrientes.

3.   ¿Qué reacción tuvieron los invitados?

    a.   Gozaron de la comida.
    b.   No quedaron sorprendidos.
    c.   Perdieron el apetito y algunos se enfermaron.
    d.   No se dieron cuenta de nada.

22.   Una agencia de publicidad estaba preparando un anuncio que debería aparecer en el interior de la entrada de las tiendas. No sabían si poner el aviso a la izquierda o a la derecha de la entrada. Decidieron finalmente preguntarle su opinión al dueño de un restaurante que estaba al otro lado de la calle y que tenía un mostrador a cada lado.

    —Díganos, ¿qué lado del restaurante prefiere la gente, el de la derecha o el de la izquierda?

    —Oh, —respondió el dueño— yo puedo decirles qué lado prefiere la gente, pero no es siempre el mismo. ¿Ven ustedes a esa bella señorita rubia que está allá? Pues, según donde esté ella, ahí va la gente.

anuncio—*sign, ad*   mostrador—*counter*

1.   ¿Qué se trataba de decidir en la agencia de publicidad?

    a.   El sitio preciso del anuncio.
    b.   El tipo de anuncio.
    c.   El tamaño del anuncio.
    d.   En qué tienda pondrían el anuncio.

2.   ¿A quién decidieron consultar?

    a.   A unos expertos americanos.
    b.   A otra agencia de publicidad.
    c.   A un caballero que tenía una tienda de calzados.
    d.   Al dueño de un restaurante.

3.   Según el dueño del restaurante, ¿qué lado prefería la gente?

    a.   El lado derecho.
    b.   El izquierdo.
    c.   No les interesaba el lugar.
    d.   El lugar en que estuviera la joven rubia.

23.   Un viajero <u>iba a pie</u> por una carretera. Después de caminar una larga distancia, vió a un campesino.

—Buen hombre –dijo el viajero– ¿cuánto tiempo tardaré en llegar a Barcelona?

El campesino lo miró, pero no respondió. El viajero repitió la pregunta pero el campesino siguió mudo.

—Es <u>sordo</u> este campesino– pensó el viajero, y siguió su camino. Después de andar el viajero unos veinte pasos, el campesino gritó:

—¡Caballero! ¡Caballero! Tardará usted en llegar a Barcelona unas dos horas.

—Ah, pero, ¿no es usted sordo?

—No, señor –contestó el campesino.

—Entonces, ¿Por qué <u>demoró</u> tanto en responderme? –preguntó el viajero.

—¡Cómo iba a decírselo si yo no sabía con qué rapidez caminaba usted! Ahora que lo he visto caminar, sé que son dos horas –respondió el campesino.

ir a pie—*to walk*   sordo—*deaf*   demorar—*delay*

1.   ¿Cómo iba el viajero a Barcelona?

    a.   Iba caminando.
    b.   Iba montado en un burro.
    c.   Iba en automóvil.
    d.   Iba en autobús.

2.   ¿Qué le preguntó el viajero al campesino cuando lo encontró?

    a.   La hora.
    b.   En qué lugar se encontraba.
    c.   Su nombre.
    d.   Cuánto tardaría en llegar a Barcelona.

3.   ¿Qué pensó el viajero cuando el campesino no respondió?

    a.   Que el campesino era sordo.
    b.   Que el campesino era mal educado.
    c.   Que el campesino era mudo.
    d.   Que el campesino no era amable.

4.   ¿Por qué no le había contestado el campesino?

    a.   Porque era sordo.
    b.   Porque no sabía con qué rapidez caminaba el viajero.
    c.   Porque no le interesaba hablar con el viajero.
    d.   Porque no sabía qué contestar.

24.   El 2 de mayo es la fiesta nacional de España. Este día representa el comienzo de la larga guerra de independencia que los españoles sostuvieron a principios del siglo XIX contra las fuerzas de Napoleón.

Napoleón Bonaparte quería <u>agregar</u> España a los otros territorios que había conquistado y para ello sentó en el trono a su hermano mayor, José.

Con el pretexto de llevar sus ejércitos a Portugal, el emperador Napoleón pidió permiso para llevar a España un ejército considerable. Cuando entraron los soldados franceses, el pueblo español se levantó en contra de los invasores.

Madrid fue la primera ciudad que se opuso al fuerte enemigo. El 2 de mayo de 1808 comenzó el gran drama nacional cuando los madrileños lucharon contra los invasores. La lucha duró hasta 1813.

agregar—*to add*

1.   ¿Qué representa para España la fiesta del 2 de mayo?

   a.   El triunfo de Franco.
   b.   La victoria de las fuerzas republicanas.
   c.   El comienzo de la guerra de independencia.
   d.   Una fiesta en honor a un santo patrono de España.

2.   ¿Qué quería hacer Napoleón?

   a.   Establecer la paz entre ambos países.
   b.   Dar ayuda económica a España.
   c.   Tener intercambio comercial con España.
   d.   Dominar a España mediante su hermano José.

3.   ¿Cómo trató Napoleón de conseguir su propósito?

   a.   Entrando a España con otro pretexto.
   b.   No intentó conseguirlo.
   c.   Habló de sus proyectos con los españoles.
   d.   Atacando a España directamente.

4.   ¿Qué hicieron los españoles en Madrid el 2 de mayo de 1808?

   a.   Empezaron la guerra contra los invasores.
   b.   Terminaron la guerra.
   c.   Ganaron la guerra.
   d.   Perdieron la guerra.

25.   Don Jacinto se levantó muy temprano aquel día, que para él marcaba una de las fechas más importantes de su vida. Era el último día de clases para el anciano maestro que ya había cumplido los setenta años de edad. Después de un ligero

desayuno, salió de su casa y se dirigió a la escuela, aquel viejo edificio que se veía allá a lo lejos entre unos altísimos árboles.

A ambos lados del camino los campesinos trabajaban en el campo. Al pasar el maestro, se quitaban respetuosamente el sombrero y le daban el tradicional saludo, "vaya usted con Dios". El maestro siguió su camino y muy pronto pudo oír las voces de los niños de la aldea que jugaban, corrían o saltaban alrededor de la escuela. Al llegar, los niños interrumpieron sus juegos y <u>rodeándolo</u> le dijeron <u>en coro</u>: —Buenos días, don Jacinto.

—Buenos días, hijos míos, respondió el viejo maestro en voz casi imperceptible. Apenas podía hablar.

rodear—*to surround*   en coro—*all together*

1.   ¿Por qué era para don Jacinto uno de los días más importantes de su vida?

    a.   Porque celebraba su cumpleaños.
    b.   Porque iba de vacaciones.
    c.   Porque terminaba su labor como maestro.
    d.   Porque iba a una gran fiesta.

2.   ¿Quiénes saludaron a don Jacinto en su camino a la escuela?

    a.   Los niños.
    b.   Las maestras.
    c.   Los extranjeros.
    d.   Nadie saludó al maestro.

3.   ¿Cómo reaccionó don Jacinto ante el saludo de los niños?

    a.   Con rabia.
    b.   Con tristeza.
    c.   Con alegría.
    d.   Con profunda emoción.

26.   Delante del sillón había un periódico abierto, y detrás del periódico estaba Anastasio Noble, un hombre <u>flaco</u>, más bien viejo que joven, y que tenía una expresión de preocupación perpetua en la cara y un pesimismo incurable en el <u>alma</u>. Apenas llegaba a casa de su trabajo, se retiraba a su sitio favorito, esperando no ser observado por ninguna de sus cuatro hijas ni por su mujer. Cuando alguien se acercaba, se escondía detrás del periódico. Sabía por experiencia que su mujer y sus exuberantes hijas siempre venían a pedirle algo: dinero, por supuesto, nunca le pedían otra cosa.

Anastasio sentía una gran admiración por los Estados Unidos a causa de su cultura, su progreso, sí, y su riqueza; y admiraba más que todo la posición social y económica de la mujer. "Si nosotros viviésemos en los Estados Unidos", pensaba, "mis hijas trabajarían y me ayudarían a pagar los gastos de la casa. No necesitarían la protección que necesitan aquí. Irían y vendrían sin que nadie hablase, y su independencia social y su oportunidad económica no <u>disminuirían</u> su dignidad".

flaco—*thin*   alma—*soul*   disminuir—*diminish*

1. ¿Cómo describe el autor a Anastasio?

    a. Desanimado.
    b. A punto de morir.
    c. Enfermo.
    d. Religioso.

2. ¿Por qué se retiraba siempre a su sitio predilecto?

    a. Para alejarse de su familia.
    b. Para acercarse a sus hijas favoritas.
    c. Para leer.
    d. Por ninguna de estas cosas.

3. ¿Por qué se le acercaban sus hijas y su esposa?

    a. Para darle simpatía.
    b. Para conseguir algo para sí mismas.
    c. Para conversar.
    d. Para tocar el piano.

4. ¿Qué harían las hijas de Anastasio si viviesen en los Estados Unidos?

    a. Trabajarían con dignidad.
    b. Trabajarían aunque perdieran la dignidad.
    c. Podrían recibir más dinero de él.
    d. No harían nada.

27. En Bolivia las más famosas minas de plata son las de Potosí. Según una tradición, el más poderoso de los incas del Perú, Huayna-Cápac, vio la montaña que hoy se llama el Cerro de Potosí mientras hacía un viaje por su imperio, y admirando su grandeza y hermosura dijo: "Sin duda hay plata dentro de esa montaña".

Por orden suya, algunos <u>indígenas</u> trajeron sus instrumentos para abrir minas. Pero al momento que comenzaban el trabajo, oyeron un gran ruido y una voz que dijo: "No saquéis la plata de esta tierra, pues es para otra gente".

En seguida Huayna-Cápac mandó que dejasen el trabajo, besó la tierra y se retiró con sus indígenas.

Unos ochenta años más tarde, los españoles descubrieron la montaña y sus ricas minas de plata. Esta vez el que descubrió la plata fue Diego Gualca, un indio que estaba al servicio de un capitán español. Se dice que el indígena, que era pastor de llamas, hizo una fogata una noche fría en la montaña, y al día siguiente notó que habían aparecido unos hilos de plata. Al llevar la plata a su capitán, éste fue a examinar la montaña, y en 1546 fundó allí Potosí, que está situada a una altura de doce mil pies.

indígenas—*natives*   fogata—*bonfire*

1.   ¿Quién fue Huayna-Cápac?

    a.   El jefe del partido político contemporáneo.
    b.   Un rey indígena.
    c.   Un indio sin fama.
    d.   Un pastor de llamas.

2.   ¿Qué dijo cuando vio la montaña?

    a.   Expresó su deseo de no abrirla.
    b.   Que contenía riqueza.
    c.   Quedó estupefacto.
    d.   Que moriría.

3.   ¿Por qué mandó Huayna-Cápac que los indios dejasen de trabajar?

    a.   Porque no contenía nada de valor.
    b.   Lo que contenía pertenecía a los dioses.
    c.   Era contra la religión inca.
    d.   Oyó una voz que lo prohibió.

4.   ¿Cómo descubrió la plata Diego Gualca?

    a.   Alguien le contó el hecho.
    b.   Sabía la leyenda india.
    c.   Huayna-Cápac se lo reveló.
    d.   Por casualidad.

28.   La fiesta nacional de México se celebra el 16 de septiembre, día en que se dio el primer grito en pro de la independencia. El héroe de esta memorable hazaña fue Miguel Hidalgo, un pobre cura del pueblo de Dolores en el estado de Guanajuato.

Los patriotas mexicanos habían convenido en comenzar el movimiento revolucionario en el mes de octubre de 1810. Pero entre ellos había un traidor que reveló el plan a las autoridades españolas. El padre Hidalgo se enteró de esta traición la noche del 15 de septiembre. A la mañana siguiente, muy temprano, él <u>tocó</u> la campana de la iglesia para convocar a la gente del pueblo. Les hizo un ferviente <u>discurso</u> sobre los abusos y la corrupción del gobierno colonial. Luego les explicó sus planes para atacar a las autoridades españolas. En un momento de exaltación el padre alzó una imagen de la Virgen de Guadalupe, muy venerada por los indios. Al ver la imagen, todos empezaron a gritar: ¡Viva Nuestra Señora de Guadalupe y abajo los españoles! Con este acto empezó la guerra de independencia en México.

en pro—*in favor of; on behalf of*   hazaña—*deed, event*
tocar—*to play (musical instrument)*   discurso—*speech*

1. ¿En qué habían convenido los patriotas?

    a. En descubrir al traidor.
    b. En iniciar la revolución
    c. En elegir al jefe.
    d. En rendirse.

2. ¿Cómo descubrieron las autoridades el plan de los patriotas?

    a. Por un traidor.
    b. Por medio de un documento.
    c. A causa de la corrupción de los patriotas.
    d. A causa de la astucia de las autoridades.

3. ¿Cómo convocó el padre Hidalgo a los vecinos del pueblo?

    a. Por un repicar de campanas.
    b. Por carta.
    c. Gritando por la calle.
    d. Ninguna de estas cosas.

4. ¿De qué les habló cuando se hubieron reunido?

    a. De las debilidades de las autoridades.
    b. De su filosofía política.
    c. De la acción militar.
    d. De la Virgen de Guadalupe.

5. ¿Cuál fue el resultado de lo que pasó aquel día en Dolores?

    a. El fracaso de la revolución.
    b. La rendición de Dolores.
    c. La muerte inmediata del padre Hidalgo.
    d. Principió la lucha por la independencia.

29. A unos treinta y cinco kilómetros de la ciudad de Barcelona está un famoso monasterio situado en Montserrat, nombre que en la lengua catalana significa "montaña irregular o de muchos picos". Cerca del monasterio de Montserrat se halla una cueva donde, según dice la leyenda, se descubrió una estatua de la Virgen María. La estatua es de <u>madera</u> oscura y la leyenda dice que los cristianos la escondieron en la cueva durante la invasión de los moros. Un campesino la encontró muchos años después. Quiso llevarla a la ciudad, pero cuando trató de sacarla de allí, no pudo moverla de donde estaba. En aquel sitio se levantó una pequeña iglesia que, siglos después, Felipe II ordenó reconstruir. Junto a la iglesia está el monasterio. Durante todo el año muchas personas hacen el viaje a Montserrat. Algunos vienen sólo para ver la magnífica iglesia; otros vienen a <u>cumplir</u> promesas hechas a la Virgen de Montserrat.

> madera—*wood*   cumplir—*to keep (a promise)*   puntiagudas—*sharp*
> derrumbar—*to tear down*

1. ¿Qué significa la palabra Montserrat?

    a. Una montaña muy alta.
    b. Monte de cumbres <u>puntiagudas</u>.
    c. Monasterio de Barcelona.
    d. Iglesia con cueva.

2. ¿Qué hicieron los cristianos durante la invasión de los moros?

    a. Escondieron una estatua en una cueva.
    b. Enterraron a la Virgen en la cueva.
    c. Se escondieron en el monasterio.
    d. <u>Derrumbaron</u> la pequeña iglesia.

3. ¿Qué pasó cuando el campesino trató de sacar la estatua?

    a. Estaba rota.
    b. La habían robado.
    c. No pudo moverla.
    d. Había cambiado de color.

4. ¿Dónde está el monasterio?

    a. Lejos de la iglesia.
    b. Cerca de la iglesia.
    c. Dentro de la iglesia.
    d. En la cueva debajo de la iglesia.

5. ¿Por qué vienen tantas personas a Montserrat?

    a. Para ver los milagros.
    b. Para pasar la noche.
    c. Por motivos religiosos.
    d. Para hallar a la Virgen en la cueva.

30. Kukulcán, el dios de los mayas, llamó un día a sus mensajeros.—Quiero dar a mi pueblo un regalo, dijo el dios. —Vayan ustedes por todas partes del mundo a buscar el mejor regalo para mi pueblo. Traiga cada uno un regalo y yo escogeré el mejor.

Los mensajeros fueron a todas las partes de la tierra y del mar. Al regresar, unos traían frutas, otros oro y plata, algunos el agua de los ríos y otros, flores hermosas. Pero el dios no estaba satisfecho.

Uno de los mensajeros había encontrado solamente una planta con <u>hilos</u> blancos entre la <u>hojas</u>. Al ver que su plantita no le gustó al dios, la echó al suelo y la olvidó. Pero la plantita seguía viviendo y <u>al cabo de</u> algún tiempo los campos estaban cubiertos. Muchos años más tarde la gente de esa región se hizo rica sacando las fibras de esta planta, que se llama henequén, y vendiéndolas.

> hilos—*threads* hojas—*leaves* al cabo de—*at the end* aburrido—*bored*
> insólitas—*unusual* desdeñado—*rejected*

1. ¿Por qué llamó a sus mensajeros un día el dios de los mayas?

    a. Estaba sólo y <u>aburrido</u>.
    b. Quería que le buscasen un presente.
    c. Quería que todos los enemigos se marcharan.
    d. Quería que hallasen un presente para su nación.

2. ¿Qué cosas trajeron algunos de los mensajeros?

    a. Cosas baratas y de mal gusto.
    b. Metales preciosos y cosas <u>insólitas</u>.
    c. Agua de colonia.
    d. Conserva de frutas.

3. ¿Qué cosa particular trajo uno de los mensajeros?

    a. Una planta rara.
    b. Un pajarito muerto.
    c. Unos hilos de oro.
    d. Plata que cuelga de un hilo.

4.   ¿Qué hizo el mensajero al ver su regalo <u>desdeñado</u>?

   a.   Se lo llevó a casa.
   b.   Lo desechó.
   c.   Riñó al dios.
   d.   Se marchó del pueblo.

5.   ¿Cómo se hizo rica la gente?

   a.   Haciéndose hilanderos.
   b.   Vendiendo las fibras.
   c.   Usando el hilo para coser.
   d.   Plantando plantitas exóticas.

31.   En una noche fría de invierno en 1928 un joven pintor que había venido a Nueva York de México, salió de su apartamento en el Greenwich Village y fue en busca del autobús que lo llevaría al centro de la ciudad. Tenía apenas veinte años, pero se encontraba muy triste. Al principio, le había gustado su vida en Nueva York entre otros jóvenes artistas, todos los cuales se consideraban genios desconocidos. Pero gradualmente empezó a comprender que ninguno de ellos ni decía ni hacía nada original. Sus amigos pintaban al estilo de Matisse, Picasso o Braque. Cuando el joven conoció el arte de El Greco, trató de imitar al gran maestro pero no tuvo éxito. Esto lo llenó de tristeza. Una noche memorable asistió a una función de danza moderna. Se sentó en la galería y observó tenso y emocionado la actuación de Harold Kreutzberg e Yvonne Georgi. Comprendío que ésa era su vocación.

   El joven era José Limón, aclamado hoy por los críticos como "el mejor bailarín de nuestra <u>era</u>".

era—age, era

1.   ¿Por qué estaba triste el joven?

   a.   Estaba lejos de su casa.
   b.   El apartamento no le gustaba.
   c.   Estaba desilusionado con sus amigos.
   d.   Deseaba pintar al estilo de El Greco.

2.   Los genios desconocidos eran

   a.   bailarines sin originalidad.
   b.   imitadores sin talento.
   c.   los vecinos de José Limón.
   d.   Picasso y Braque.

3. La inspiración de José Limón fue

    a. una pareja de bailarines.
    b. una carta de su país.
    c. el centro de la ciudad de Nueva York.
    d. unos artistas jóvenes.

4. Hoy José Limón es

    a. desconocido.
    b. renombrado.
    c. olvidado.
    d. entristecido.

5. José Limón es

    a. de Greenwich Village.
    b. cantante.
    c. pintor.
    d. bailarín.

32. ¿Cómo es este artista, héroe de tantas películas que han hecho reír al público? ¿Cuál es la personalidad de Cantinflas, el famoso mexicano?

Muchos individuos conocen bien la generosidad de Cantinflas, quien siempre se ha interesado en los problemas de los pobres y sobre todo en las condiciones de los niños que sufren. Muchas han sido las presentaciones personales del actor en teatros para ayudar a los niños de su país y de otros países hispanoamericanos. El pasatiempo favorito de Cantinflas, cuando no trabaja en una película, es cuidar su ganado. Tiene una hacienda cerca de la Ciudad de México y como buen hacendado recorre a caballo sus campos durante su tiempo libre. En sus terrenos se cultivan el maíz y el trigo.

Es muy aficionado a toda clase de música. Su temperamento es algo romántico; le gusta tocar la guitarra y cantar canciones rancheras y melodías sentimentales. Hay que mencionar también su entusiasmo por los toros y su interés en coleccionar relojes.

ganado—*cattle*

1. ¿En qué clase de películas trabaja Cantinflas?

    a. Trágicas.
    b. Cómicas.
    c. Agrícolas.
    d. Generosas.

2. ¿Qué ha hecho el artista para ayudar a los niños?

   a. Películas especiales.
   b. Tocar guitarra.
   c. Les ha dado relojes.
   d. Se ha presentado personalmente en teatros.

3. A Cantinflas le gusta

   a. la música de la Ciudad de México.
   b. sólo la música clásica.
   c. escaparse de su hacienda.
   d. dedicarse a su hacienda durante su tiempo libre.

4. ¿Qué pasatiempos tiene Cantinflas?

   a. Cuidar sus películas.
   b. Vender relojes.
   c. Coleccionar relojes.
   d. Recorrer México cantando.

5. ¿Qué producen sus cultivos?

   a. Caballos.
   b. Granos.
   c. Relojes.
   d. Películas.

33. El tío Paciencia era un pobre zapatero que vivía y trabajaba en un <u>portal</u> de Madrid. Cuando era aprendiz, asistió un día a una conversación entre su <u>maestro</u> y un parroquiano, en <u>la cual</u> éste mantenía que todos los hombres eran iguales. Después de pensar largo rato el aprendiz al fin preguntó al maestro, si era verdad lo que él había oído decir.

—No lo creas, repuso éste. —Sólo en el cielo son los hombres iguales.

Se acordaba de esta máxima toda su vida, consolándose de sus penas y privaciones con la esperanza de ir al cielo y gozar allá de la igualdad que nunca encontraba en la tierra. En toda adversidad solía decir: Paciencia, en el cielo seremos todos iguales. A esto se debía <u>el apodo</u> con que era conocido, y todos ignoraban su verdadero nombre.

En el piso principal de la casa, cuyo portal ocupaba el pobre zapatero, vivía un marqués muy rico, bueno y <u>caritativo</u>. Cada vez que este señor salía en coche de cuatro caballos, decía para <u>sí</u> el tío Paciencia: —Cuando encuentre a Vuestra Excelencia en el cielo, le diré: Amiguito, aquí todos somos iguales''.

el portal—*doorway* aprendiz—*apprentice* el apodo—*nickname*
caritativo—*charitable* parroquiano—*customer*

1. ¿Qué era el oficio del hombre en el portal?

   a. Marqués.
   b. Parroquiano.
   c. Paciencia.
   d. Fabricar zapatos.

2. El que mantenía que todos los hombres eran iguales era

   a. el zapatero.
   b. el parroquiano.
   c. el aprendiz.
   d. el marqués.

3. ¿Dónde solamente son iguales los hombres?

   a. En el portal.
   b. En el coche de cuatro caballos.
   c. En el paraíso.
   d. Cuando son aprendices.

4. ¿Con qué nombre se conocía al zapatero?

   a. Amiguito.
   b. Maestro.
   c. Aprendiz.
   d. Paciencia.

5. Para obtener la igualdad, el aprendiz esperaba

   a. morir.
   b. ser rico.
   c. ser dueño de la zapatería.
   d. cambiar de residencia.

34.   Cuando Manolo se reunió con sus amigos y les contó su conversación con la tía Beatriz, ellos no podían creerle. Llegó el sábado, y Manolo fue a casa de la vieja a trabajar. Sus amigos le acompañaron por curiosidad, nada más. Pero cuando llegaron, ellos insistieron en ayudarle. Al terminar el trabajo, doña Beatriz les invitó a todos a tomar limonada con pasteles. Tenía preparada una cantidad enorme de limonada, mezclada con azúcar y el jugo de varias frutas. Los muchachos bebían y comían con gusto. En cinco minutos todos hablaban y reían alegremente. Claro que

en la presencia de la tía Beatriz los muchachos eran caballeros, no gritaban ni hacían mucho ruido, y mostraban la consideración que merecía el cabello gris de la vieja. Pero ella <u>charlaba</u> con los muchachos libremente, preguntaba por sus perros, sus juegos, sus aventuras, como una verdadera amiga.

Estas visitas continuaron todos los sábados, hasta el otoño, cuando los días se hacían breves, y había lluvias largas y frías. Muchas veces no había trabajo que hacer.

pasteles—pies, pastry   charlar—chat

1. ¿Por qué acompañaron a Manolo sus amigos?

    a. Estaban curiosos.
    b. Creían lo que él les dijo.
    c. Por amistad.
    d. Para ayudarle.

2. Sus amigos

    a. tenían miedo a la tía Beatriz.
    b. trabajaron con él.
    c. no trabajaron.
    d. creían que la casa era vieja.

3. Doña Beatriz

    a. no quería pagarles.
    b. los trataba con amistad.
    c. les permitió hablar cinco minutos.
    d. les pagó con dinero.

4. ¿Qué hicieron en presencia de doña Beatriz?

    a. Nada.
    b. No hablaron en su presencia.
    c. Gritaron alegremente.
    d. La trataron con respeto.

5. ¿Por qué terminaron las visitas?

    a. Los muchachos no querían ir a su casa.
    b. Quedaba mucho trabajo por hacer.
    c. Hacía mal tiempo.
    d. Los muchachos no tenían tiempo.

35. Yo soy de la opinión de Rousseau; a saber, que el perro es la más sublime expresión de la perfección humana. No hay cuadrúpedo más noble, ni bípedos que le igualen. A la vez que es muy fiel, es también el más imprudente de los <u>seres</u>, visto que no se informa jamás de si su dueño tiene razón o no; ni se inquieta de si éste sube o baja la escalera de la vida; ni pregunta si es rico o pobre, tonto o sabio, pecador o santo. Es él su dueño y compañero. Eso le <u>basta</u>, y venga lo que viniere, <u>la dicha</u> o <u>la desdicha</u>, buen <u>renombre</u> o malo, honra o <u>vergüenza</u>, se arrima a su amo para alegrarle, guardarle, y si es necesario, sacrificarle su propia vida. ¿En dónde encontrarás un hombre siempre <u>agradecido</u>, siempre cariñoso, jamás egoísta, olvidando <u>las injurias</u> y recordando sólo los beneficios? No lo busques; será inútil. Pero toma el primer perro que viniera, y desde el momento en que te adopta, tú hallarás en él todas esas cualidades. Te amará sin reserva. Toda familia debiera tener un buen perro y tratarle como un príncipe.

seres—*beings* basta—*is enough* la dicha—*fortune* la desdicha—*misfortune*
renombre—*reputation* vergüenza—*shame* agradecido—*grateful*
las injurias—*mistreatments* muerde—*bites*

1. El perro es imprudente porque

    a. <u>muerde</u> a su dueño.
    b. come incesamente.
    c. es ciegamente leal.
    d. quiere andar en dos patas.

2. Al perro nunca le interesa

    a. el estado social de su dueño.
    b. ir a pie con otra persona.
    c. salir por la noche.
    d. adoptar a un dueño.

3. El perro recibe injurias

    a. constantemente.
    b. siempre que sale de la casa.
    c. sin quejarse.
    d. antes de comer.

4. Un perro debería estar

    a. en cada casa.
    b. sólo con una persona perfecta.
    c. sólo con mujeres.
    d. agradecido al dueño.

5. El autor de este ensayo

   a. está de acuerdo con Rousseau.
   b. esta satirizando a Rousseau.
   c. está criticando a los amos de perros.
   d. tiene miedo de los perros de Rousseau.

36. —Amigo Santillana, no te acuerdes más de lo pasado; piensa solamente en que
ahora sirves al rey, y que te has de emplear <u>en adelante</u> en su servicio. Sígueme, que
voy a decirte en qué te has de ocupar. Dicho esto, el duque me llevó a un cuartito
inmediato a su <u>despacho</u>, donde tenía sobre varios estantes unos veinte libros de
<u>registro</u> en <u>folio</u> muy <u>gruesos</u>. —Aquí, me dijo, has de trabajar. —Todos estos
registros que ves componen un diccionario de todas las familias nobles que hay en
los reinos y participados de la monarquía española. Cada libro contiene, por orden
alfabético, un resumen de la historia de todos los caballeros del reino, en la que se
especifican los servicios que ellos y sus <u>antepasados</u> han hecho al estado, como
también se hace mención de sus <u>bienes</u>, de sus costumbres y, en una palabra, de
todas sus buenas o malas calidades, de modo que, cuando piden algunas <u>gracias</u> al
gobierno, veo de una <u>ojeada</u> si las merecen.

> en adelante—*from now on*   despacho—*office*   registro—*registry*
> folio—*a book made of sheets each folded once (four pages to each sheet)*
> grueso—*thick*   antepasado—*ancestor*   bienes—*possessions*   gracias—*favor*
> estantes—*shelves*   ojeada—*glance*

1. ¿Para quién va a trabajar Santillana?

   a. El rey.
   b. El duque.
   c. Los caballeros de España.
   d. La biblioteca.

2. ¿Dónde iba a trabajar?

   a. En el palacio del rey.
   b. En el despacho del duque.
   c. Al lado del despacho del duque.
   d. En todas las familias nobles.

3. ¿Qué contenían los registros?

   a. Todas las palabras nobles del idioma español.
   b. Todos los reyes de las monarquías de España.
   c. Todos los regalos que merecen los nobles.
   d. Una corta historia de los hidalgos de España.

4.   ¿Por qué existían los registros?

    a.   Para evaluar a los que pedían favores.
    b.   Para después escribir una historia.
    c.   Para calcular cuánto dinero tenían los nobles.
    d.   Para mantener la lealtad al rey.

5.   ¿Qué parece molestar a Santillana?

    a.   El futuro de su empleo.
    b.   La incertidumbre del rey.
    c.   Los registros eran muy pesados.
    d.   Su vida pasada.

37.   Ésta es una época horrible para los alumnos. No comen a gusto, no duermen bien, tan excitados están con los exámenes. Quieren aprender en unas cuantas noches lo que han debido estudiar en seis meses de curso, viven presa de la agitación y no tienen reposo, y no le encuentran sabor a la comida ni a nada. Tienen diferentes sistemas de estudiar. Unos estudian sentados ante la mesa con la frente <u>apoyada</u> en las manos; otros <u>se tienden</u> sobre la cama, <u>colocando</u> los pies en la pared; otros se pasean por la habitación, recitando <u>en voz alta</u> las lecciones; y otros se sientan en la ventana, porque dicen que así se les desarrolla la inteligencia. Los papás sufren tanto como los alumnos mismos, cuando llegan estos días de exámenes. Los padres de los perezosos declaran que los chicos no son <u>torpes</u>; no señor, al contrario, son listos; y siguen diciendo con la mejor buena fe del mundo: "los profesores le tienen mala voluntad a mi chico".

    apoyada—*resting* se tienden—*stretch out* colocar—*to place*
    en voz alta—*out loud* torpes—*dull* trastornados—*upset* embutir—*to stuff*

1.   ¿Qué van a hacer los alumnos?

    a.   Divertirse por haber acabado con los exámenes.
    b.   Prepararse para sufrir unas pruebas.
    c.   Explicar a sus padres por qué no han salido bien.
    d.   Estudiar por seis meses.

2.   ¿Cómo se sienten los alumnos?

    a.   Excitados de alegría.
    b.   Con buen apetito.
    c.   Nerviosos.
    d.   Enfadados con los profesores.

3. ¿Qué hacen los padres durante esta época?

   a. Se marchan de vacaciones para escaparse de los exámenes.
   b. Se quejan por el ruido y la tensión de los alumnos.
   c. Van hablando a los profesores acerca de los alumnos.
   d. Sienten la misma ansiedad que los alumnos.

4. ¿Qué sistema de estudiar predomina?

   a. El de recitar en voz alta.
   b. Ninguno en particular.
   c. El de sentarse en la ventana.
   d. El de repasar con un amigo.

5. ¿Por qué se encuentran tan <u>trastornados</u> los alumnos?

   a. Los padres los han reñido.
   b. Dejaron los libros en la escuela.
   c. Quieren <u>embutir</u> en una noche seis meses de lecciones.
   d. No saben qué asignatura es más importante.

38. Un nuevo gobernador llegó a la ciudad, sin avisar, en un tren de la noche. Se fue al hotel y se acostó. A la mañana siguiente salió a dar un paseo. Le preguntó a un guardia municipal por el gobierno civil. Entró y vio en <u>la portería</u> a un guardia civil que estaba limpiando unas botas. —"¿El señor gobernador civil?" le preguntó. El guardia, sin levantar la cabeza, contestó: —"No hay gobernador; el que hace de gobernador es el secretario del gobierno." —"¿Y no se podría ver al secretario?" insistió el gobernador. El guardia civil levantó entonces la cabeza y <u>encogiéndose de hombros</u>, replicó: —"Está malo y viene tarde."

—"Pues, entonces", dijo el gobernador, "esperaré a que venga. —¿Dónde puedo esperar?"

El guardia civil volvió a mirarle <u>desdeñosamente</u>, <u>señalándole</u> una silla, dijo:— "Si usted insiste en esperarle, siéntese ahí." Hizo como que iba a sentarse el gobernador; pero cambiando bruscamente de pensamiento añadió: —"No, aquí no. Le esperaré en el despacho del gobernador". Entonces el guardia civil lo miró <u>estupefacto</u> y se puso a reír. Al entrar en el despacho, el guardia civil se lanzó hacia él y el gobernador exclamó: —"¡Soy el nuevo gobernador! Vaya usted a llamar al secretario."

    la portería—*doorman's lodge, box*

    encogerse de hombros—*to shrug one's shoulders*   desdeñosamente—*with disdain*

    señalar—*to point at* estupefacto—*stupefied, very surprised*

1.   ¿Cómo llegó el nuevo gobernador?

   a.   Por avión.
   b.   Sin conciencia.
   c.   Sin informar.
   d.   Sin poder.

2.   ¿Qué hacía el guardia?

   a.   Hablaba con un amigo.
   b.   Llamaba al secretario.
   c.   Lustraba el calzado.
   d.   Cambiaba zapatos.

3.   ¿Cómo trató el guardia al recién llegado?

   a.   Con respeto.
   b.   Sin respeto.
   c.   No le hizo caso.
   d.   Cordialmente.

4.   ¿Por qué cambió de pensamiento el nuevo gobernador?

   a.   Se sintió insultado.
   b.   La silla no era cómoda.
   c.   Encontró la silla sucia.
   d.   Se le ocurrió otra idea.

5.   ¿Cuándo se reveló el nuevo gobernador?

   a.   Al ver su silla en el despacho.
   b.   Al ver al secretario.
   c.   Al verse asaltado.
   d.   Al reírse el guardia.

39.   A media tarde llegaron a Zaragoza y cambiaron de tren. César y Laura cenaron en el vagón comedor. —Me voy a tender un rato, dijo Laura. —Y yo también, respondió César.

César apagó la luz y se tendió a lo largo. No podía dormir en el tren y se perdió en una serie de planes y pensamientos fantásticos. Un poco antes del alba, César, cansado de no dormir, se levantó y se puso a pasear por el corredor del vagón. Llovía; en el horizonte, bajo el cielo negro y sin estrellas, aparecía una vaga claridad. El paisaje parecía una decoración de teatro, un escenario de intriga romántica. Cuando comenzó a amanecer se encontraron cerca de Madrid. Se comenzaron a ver las casas de la capital. Pasado un momento se detuvo el tren. Como el hotel estaba muy cerca, no tomaron el coche y dando el encargo de <u>recoger</u> los equipajes a un mozo, Laura tomó el brazo de su hermano, salieron de la plaza y entraron en el hotel.

tenderse a lo largo—*lie down*   el alba—*daybreak*   escenario—*setting*
amanecer—*dawn*   recoger—*gather*

1.   ¿De dónde llegaron a Zaragoza?

   a.   De Madrid.
   b.   César y Laura.
   c.   No se sabe.
   d.   Del hotel.

2.   César y Laura eran

   a.   amantes.
   b.   marido y esposa.
   c.   pensamientos fantásticos.
   d.   hermanos.

3.   Las casas de Madrid se vieron

   a.   antes del amanecer.
   b.   después del amanecer.
   c.   al amanecer.
   d.   al apagarse la luz.

4.   No tomaron el coche porque

   a.   tenían coche particular.
   b.   el hotel estaba lejos de la estación.
   c.   el hotel estaba cerca de la estación.
   d.   querían ver la plaza.

5.   El paisaje que vio César era

   a.   parte de su imaginación.
   b.   verdadero.
   c.   una pintura en el vagón comedor.
   d.   un cuadro en el teatro.

40.   Don Salvador Bueno era el vecino más respetable, más <u>sabio</u>, más caritativo y más rico del pueblo. Sus sesenta años, su cabeza blanca como la nieve, su <u>rostro</u> bondadoso, su afable <u>sonrisa</u> y su mirada serena hacían exclamar a todo el mundo:

ahí va un hombre bueno, un justo. Salvador había viajado mucho y leído mucho. Sus conocimientos eran tan generales, que su conversación resultaba siempre instructiva y agradable. Aquel venerable anciano era una enciclopedia siempre a disposición de los que querían consultarla en el pueblo. Por el deseo de saber había concluído tres carreras, la de abogado, la de médico y la de ingeniero, y ninguna de ellas le había producido jamás un céntimo. Don Salvador se había quedado sólo en el mundo con su nieto, que se llamaba Juanito, y en la época que nos ocupa era un precioso niño de ocho años de edad. El abuelo se había propuesto hacer de su nieto un hombre perfecto. —Yo le enseñaré, se decía, todo lo que puede enseñarse en un colegio, en el buen sentido de la palabra, porque en los colegios también se aprende algo malo. Al mismo tiempo que educo su inteligencia en los sanos principios de la moral, trataré de desarrollar sus fuerzas físicas, educar su cuerpo.

> sabio—*wise* rostro—*face* sonrisa—*smile* carrera—*career*
> sano—*healthy* desarrollar—*to develop*

1. Don Salvador Bueno era

    a. tío.
    b. padre.
    c. nieto.
    d. abuelo.

2. Las tres profesiones le habían hecho

    a. rico.
    b. pobre.
    c. sabio.
    d. fuerte.

3. La educación del nieto había de producir

    a. la sabiduría perfecta.
    b. la revelación de la cualidad del colegio.
    c. una mente sana en el cuerpo sano.
    d. un hombre de perfección física.

4. Con sus vecinos Don Salvador

    a. era generoso.
    b. iba limpiando la nieve.
    c. viajaba a menudo.
    d. leía libros de sesenta años.

5. La fisonomía de Don Salvador era

    a. fea y sonriente.
    b. instructiva y agradable.
    c. de bondad y tranquilidad.
    d. enciclopédica y profesional.

41. La madre había comprado ciruelas y las había puesto en un platito, y éste sobre la mesa, para darles a los niños al final del almuerzo. María, que no había probado nunca las ciruelas, daba vueltas en torno y como no había nadie en el aposento, después de resistir en vano la tentación, se decidió a comer una. Cuando luego la madre las contó, notó la falta, pues habiendo pensado en la distribución que haría entre los niños, se acordaba del número. Se lo dijo al padre y a la hora del almuerzo el padre preguntó:

    —Decidme la verdad, hijos míos, ¿alguno de vosotros se comió una ciruela? —No, respondieron a coro todos.

    —Si alguno la ha comido, siguió el padre, no me parece bien. Pero eso no es lo más grave. Las ciruelas tienen hueso y el que se lo haya tragado puede morir. . . . Entonces María dijo precipitadamente: —No temáis. Arrojé el hueso por la ventana. Todo el mundo se rió pero María rompió a llorar.

> ciruelas—*plums* dar vueltas en torno—*circle, to go around in circles*
> aposento—*room* la falta—*the lack (missing)* a coro—*all together*
> hueso—*bone, seed* tragado—*swallow* morder—*to bite* riñendo—*fighting*
> azotando—*beating* carcajada—*burst of laughter*

1. ¿Cuándo iban a servirse las ciruelas?

    a. Al principio del almuerzo.
    b. Durante el almuerzo.
    c. Al terminar el almuerzo.
    d. Antes del almuerzo.

2. ¿Qué no pudo hacer María?

    a. Tragarse la ciruela.
    b. Morder el hueso de la ciruela.
    c. Combatir el impulso de comerse la ciruela.
    d. Decir la verdad.

3. El padre sacó la confesión

    a. riñendo a los niños.
    b. prohibiendo que comiesen el almuerzo.
    c. dándoles miedo.
    d. azotando a los niños.

4. ¿Qué había hecho María con el hueso?

    a. Se lo había tragado.
    b. Lo había tirado.
    c. Lo había escondido.
    d. Lo dejó en el platito.

5. ¿Cómo recibió la confesión la familia?

    a. Con una furia tremenda.
    b. Con una carcajada.
    c. Con lágrimas.
    d. Con tristeza.

42. No recordamos ya nosotros ni por qué ni cuándo el Sr. Huntington vino por primera vez a España y se enamoró de ella. El caso es que nuestro californiano vino a España y quedó prendado. En diversos y prolongados viajes, recorrió la Península, no en plan de turista de lujo, siguiendo los itinerarios de las agencias de viajes, sino a su espontáneo capricho, a lomos de caballo, mula o vulgar asno; a pie muchas veces, más que en tren o en automóvil. Bien pronto aprendió el español del pueblo, en todas sus variedades dialécticas, y hablaba con unos y con otros en mesones, posadas, tabernas y ferias. Moreno, de ojos y cabellos oscuros, solamente su robustez y elevada estatura le diferenciaban de la masa de rústicos con quienes le complacía platicar. El joven Archer, enamorado de la España auténtica, no de la guitarra, pudo conocerla como muy pocos españoles la conocen.

    quedó prendado—*was enchanted* lujo—*luxury* capricho—*whim*
    lomo—*back (of the horse)* vulgar—*common* asno *donkey* mesón—*inn*
    posada—*lodging house* feria—*fair* moreno—*dark complexion*
    robustez—*robustness* platicar—*to chat*

1. El Sr. Huntington vino a España por primera vez

    a. para casarse con una española.
    b. para representar una agencia turística.
    c. a arreglar un negocio.
    d. por un motivo ya olvidado.

2. ¿Qué caracterizó su manera de hablar español?

    a. Usó un lenguaje popular muy variado.
    b. Siempre conservó un ligero acento californiano.
    c. Hablaba como un turista.
    d. Hablaba como una persona de la clase social más elevada.

3. Por preferencia personal viajaba

   a. en tren.
   b. en autobús de turistas.
   c. en avión.
   d. a caballo o a pie.

4. Se podía distinguir de los naturales del país porque

   a. no hablaba correctamente el idioma.
   b. era más alto.
   c. tenía el pelo moreno.
   d. tenía los ojos oscuros.

5. Como resultado de su mucho viajar, Huntington llegó a

   a. conocer muy bien la vida de la clase intelectual española.
   b. formar amistades con los individuos más ricos.
   c. tener relaciones con muchos turistas.
   d. comprender a España mejor que muchos españoles.

43. El turismo en España no es —precisamente— una "industria". El español no
se viste de lujo, no se pone "guapo" porque sabe que millones de extranjeros — o
españoles e hijos de la España extraterritorial— visitan permanentemente su país.
¡Pero qué servicios, qué atención! nos dicen quienes estuvieron tres semanas o tres
meses en la península. Y esa atención reina todo el año, es el resultado de la más
natural forma de ser de un pueblo fiel a sí mismo, a una misión y a un destino.
Muchos visitantes notaron que jamás se pierde una carta; la rapidez y precisión con
que se obtiene una comunicación telefónica de un extremo a otro del país; la
comodidad y puntualidad de los trenes; la atención en el hotel, de la categoría que
fuere. Pero hay algo más. La buena predisposición, la espontaneidad con que se saca
al turista de una dificultad, orientándolo y hasta acompañándolo si no interpreta
bien dónde queda tal o cual lugar. Esa suerte de colaboración franca y fraternal
convierte a cada español o española en un guía. Todo hombre empieza a percibir en
España que tiene algo de español. No es país de rascacielos —toda la Europa clásica
no lo es— y detesta la acumulación vertical de cemento si no lo guía algún gran
argumento humano que se traduzca en creación.

> de la categoría que fuere—*whatever category it may be*
> orientar—*to show someone the right direction*   esa suerte—*this kind of*
> rascacielos—*skyscrapers*

1. El tratamiento del español para con el turista revela que

    a. el español desprecia al turista.
    b. el español se considera superior al turista.
    c. el turismo es menos comercial en España.
    d. la cortesía ya no existe en España.

2. El servicio telefónico dentro del país

    a. da origen a gran número de quejas.
    b. funciona casi perfectamente.
    c. no alcanza de un extremo a otro.
    d. no se ha instalado todavía.

3. Se dice que los trenes parten y llegan

    a. a la hora debida.
    b. con varias horas de retraso.
    c. según los caprichos de los ferrocarrileros.
    d. sin horario fijo.

4. El turista que se encuentra perdido o en un apuro

    a. debe dirigirse a la embajada norteamericana.
    b. debe dirigirse a un rascacielos próximo.
    c. puede contar con la ayuda de todo español.
    d. puede orientarse mediante los montes de la sierra.

5. Para el español todo rascacielos tiene que

    a. reflejar el espíritu creativo y humano.
    b. manifestar un deseo de dar las gracias a Dios.
    c. imitar el estilo clásico europeo.
    d. ser creación de arquitectos europeos.

44. Entre los regalos que la vida contemporánea nos ha dado está la obra de Walt Disney. Sus películas han <u>duplicado</u> el número de nuestros domingos, es decir, nuestros días de alegría. Todos estamos en <u>deuda</u> con él, porque nos ha regalado su genio a todos y no sólo a los niños. Gracias a Disney, principalmente, los chicos de todo el mundo han podido ir al cine sin que sus padres se sintieran <u>avergonzados</u> de comprar los billetes y entrar en el cine con ellos. He aquí quien siempre ha sabido algo muy sencillo, pero que sólo conoce una minoría de poetas: que en el viejo corazón del hombre respira todavía el niño que ese hombre fue.

Ante un film de Disney, el niño experimenta dos tipos de placer: el que proviene de la obra y el que le proporciona ver divertirse a los mayores tanto como él. Disney es, pues, universal en más de un sentido: le conocen todos, porque se dirige a todos. La violencia es una fuerza de atracción innegable, como el miedo o la risa; pero todavía por encima de ella existe una fuerza de atracción angélica que comunica algo que vale más: la alegría. La alegría vale más porque es más cara y menos frecuente.

duplicado—*doubled* deuda—*debt* avergonzar—*to be ashamed*
ante—*in front of* experimentar—*to experience* los mayores—*the adults*
ha proporcionado—*has given*

1. Lo que dice el autor de los domingos significa que

    a. se dan regalos a todos los que van al cine los domingos.
    b. con sólo comprar un billete pueden entrar dos niños.
    c. se dan dos películas de Disney los domingos.
    d. Disney ha proporcionado muchísimas horas alegres.

2. Los padres no se sienten avergonzados

    a. de que no ganen tanto como Disney.
    b. de que no les gusten las películas de Disney.
    c. de acompañar a sus hijos al cine.
    d. de prohibir que sus hijos vayan al cine.

3. Disney se da cuenta de que

    a. a todos no les gustan sus películas.
    b. todo hombre es un niño grande.
    c. pocos poetas van al cine.
    d. los niños prefieren películas policíacas.

4. ¿En qué consiste la universalidad de Disney?

    a. Muchas de sus películas han sido premiadas.
    b. Conoce a todos los actores del mundo cinematográfico.
    c. Todo el mundo puede apreciar el arte de Disney.
    d. No cuesta mucho la entrada en el cine donde se dan sus filmes.

5. La atracción más fuerte de las películas de Disney es

    a. la alegría.
    b. la violencia.
    c. la vergüenza.
    d. el miedo.

45. Mucho antes que Colón descubriera el Nuevo Mundo, poseían los indios del Perú un servicio postal sumamente práctico y eficiente. No tenían caballos, coches, trenes ni aviones para transportar la correspondencia, pero usaban un método muy sencillo para hacerlo. Los mensajes que enviaban no iban escritos en cartas como hoy, pues el papel era completamente desconocido en este continente. Los incas habían construido numerosas estaciones postales <u>a lo largo de</u> sus magníficas carreteras. Los carteros, que ellos llamaban chasquis, eran hombres que tenían una prodigiosa ligereza de pies. Un chasqui recibía el mensaje en forma de "quipos" (knotted cords), extendidos sobre una barra horizontal, e inmediatamente partía corriendo hacia la próxima estación, llevando cuidadosamente el mensaje en la mano izquierda. Allí le esperaba otro chasqui, que recogía el mensaje y salía, sin perder tiempo, para la estación siguiente. Así, cambiando de manos, el mensaje llegaba a su destino con bastante rapidez. Estas "cartas" incaicas a veces contenían noticias corrientes, pero más de una vez llevaban complicadas transacciones comerciales entre los distantes puntos del imperio.

a lo largo de—the length of   se ensuciaba—got dirty   veloces—swift

1. ¿Por qué los indios no enviaban en papel sus mensajes?

    a. Se rompía fácilmente.
    b. <u>Se ensuciaba</u> durante el viaje.
    c. La tinta no se conocía.
    d. El papel no se conocía.

2. ¿Qué habían construido los incas?

    a. Una serie de trenes postales.
    b. Una serie de paradas postales.
    c. Unos magníficos carteros.
    d. Una serie de cartas bien escritas.

3. ¿Cómo eran los carteros incas?

    a. Corredores <u>veloces</u>.
    b. Horizontales.
    c. Habladores.
    d. Prácticos.

4. ¿Cómo se transmitían con rapidez los mensajes?

    a. Por avión primero y después carretera.
    b. Cada estación tenía su mensajero.
    c. De vez en cuando silbaban.
    d. Gritando de montaña a montaña.

5.   ¿Qué contenían estas "cartas" incaicas?

    a.   Asuntos de negocios.
    b.   Anuncios de bodas.
    c.   Los precios de los sellos.
    d.   El nuevo precio del oro.

46.   Uno de los factores decisivos para el desarrollo económico de los últimos diez años ha sido el movimiento turístico hacia España, que ha contribuido positivamente a equilibrar la balanza de pagos y que ha influido de manera notable en la sociedad española. El número de visitantes extranjeros a España experimentó un crecimiento espectacular durante los últimos años. Ello no se debe sólo a la indudable elevación del nivel de vida de muchos países europeos, sino a los atractivos que España ofrece, a causa de la belleza extraordinaria de sus paisajes, de los contrastes de un país vario y diferente, de la cortesía y hospitalidad de sus gentes, del clima <u>benigno</u> y del grato sol que se <u>disfruta</u> en sus playas y en sus montes, de la relativa modestia de sus precios y de los tesoros artísticos que encierra, por ejemplo, el Museo del Prado, visitado anualmente por más de un millón de personas.

benigno—*benign, gentle*   disfruta—*enjoys*

1.   ¿Qué efecto ha tenido el turismo en España?

    a.   Ha ayudado al turista.
    b.   Ha ayudado la economía.
    c.   Ha aumentado los cuadros en El Prado.
    d.   Ha aumentado el atractivo de España.

2.   Los otros países de Europa.

    a.   son más baratos que España.
    b.   son más caros que España.
    c.   son más atractivos que España.
    d.   no son hospitalarios.

3.   España es un país

    a.   de indudable elevación.
    b.   que corre tras el turista.
    c.   de mucha variedad.
    d.   riquísimo.

4. En España hay

    a. mucha fruta.
    b. muchos parques.
    c. muchas playas.
    d. mucha lluvia.

5. El Museo del Prado

    a. se cierra muy temprano.
    b. recibe muchos visitantes.
    c. tiene una colección modesta.
    d. tiene precios modestos.

47. Los árabes que durante siete siglos dominaron en España, introdujeron en el país conquistado la afición al juego de ajedrez. Terminada la expulsión de los invasores por la reina Isabel, era de presumirse que con ellos desaparecerían también sus distracciones. Pero, lejos de eso, entre los capitanes españoles había echado hondas raíces el gusto por el tablero de las sesenta y cuatro casillas. Pronto el juego de ajedrez entró entre las gentes de la Iglesia. Así que cuando se descubrió y conquistó América, el ajedrez llegó a ser como patente de cultura social para todo el que venía al Nuevo Mundo. En el Perú del Inca Atahualpa, los españoles pintaban el tablero en una mesa de madera y las piezas eran hechas del mismo barro que empleaban los indígenas para la fabricación de idolillos y demás objetos aborígenes.

ajedrez—*chess* lejos de—*far from* honda—*deep* raíz—*root*
tablero—*board* casillas—*chess squares* patente—*exclusive grant* barro—*clay*

1. El ajedrez entró en España

    a. con la Iglesia.
    b. con Atahualpa.
    c. con los árabes.
    d. con la reina Isabel.

2. El juego de ajedrez

    a. salió con la conquista de los moros.
    b. fue aceptado por la reina.
    c. ya se había establecido en España.
    d. fue exportado por toda Europa.

3. El juego de ajedrez

    a. ya se conocía en el Perú.
    b. fue aceptado por el Inca.
    c. fue rechazado por el Inca.
    d. fue importado al Nuevo Mundo.

4. En el Perú, las piezas de ajedrez eran de

    a. madera.
    b. barro.
    c. marfil.
    d. raíces.

5. El que jugaba al ajedrez

    a. era considerado aborigen.
    b. manifestaba posición social.
    c. tenía que ser moro.
    d. tiene que ser expulsado.

48.   Tan sólo Mario sabe lo que para él significa ese <u>potrillo</u>, que <u>muerde</u> a veces y a veces se niega a caminar cuando no quiere, pero que come azúcar en su mano, y <u>relincha</u> cuando lo ve a la distancia. El potrillo es su amor, su preocupación, su luz espiritual. Tanto es así que sus padres usan de él para dominar al chico.

    —Mira, Mario: si el potrillo se vuelve a comer alguna planta, ese mismo día lo echo al campo.

    Una mañana salió al patio Mario y vio un verdadero desastre. Cómo <u>golpea</u> la sangre en la cabeza del chico, cómo ve las cosas a través de una niebla porque espera la orden fatal de su padre:—Mario, ¡coge tu potrillo y échalo al campo ahora mismo!

    Y así fue. Mario no llora porque no puede llorar, pero camina desolado hacia la <u>talanquera</u> que se abre sobre la inmensidad desolada de la pampa.

> potrillo—*pony* morder—*to bite* relinchar—*to neigh*
> golpea—*pounds* talanquera—*fence gate* rogó—*begged*

1. A Mario le encanta cuando

    a. el potrillo se marcha de la casa.
    b. el potrillo sale al campo.
    c. el potrillo lo reconoce a lo lejos.
    d. el potrillo lo domina.

2. Para los padres, el potrillo

    a. era precioso.
    b. relinchaba demasiado.
    c. golpea a todo el mundo.
    d. destruye plantas.

3. Lo que teme Mario es

    a. que se le muera el potrillo.
    b. que se coma todo el azúcar.
    c. que tenga que abandonarlo.
    d. que empiece a llorar el potrillo.

4. Al recibir la orden Mario

    a. rogó a sus padres que le perdonasen.
    b. le dió un golpe al idiota del potrillo.
    c. se echó a llorar.
    d. obedeció a sus padres.

5. Al fin Mario

    a. estaba alegre porque el potrillo se marchó.
    b. se sentía completamente vencido.
    c. dio una fiesta en el jardín de plantas.
    d. sale hacia la pampa.

49. Era Lolita una niña de doce años, hija de unos campesinos. Nuestras hermanas
no se atrevían a salir al campo. Pero ella . . . era una chica casi salvaje. Había crecido
con toda libertad entre los suyos y era nuestra jefa. Nadie saltaba como ella, nadie
sabía subir más rápidamente a los árboles, nadie conocía mejor los caminos
escondidos. Guiados por ella salíamos al campo y, sin ningún escrúpulo cogíamos la
fruta de los árboles ajenos. Después, íbamos a sentarnos a la sombra a contar
cuentos o a jugar. Lolita nos dominaba como una verdadera tirana y nos obligaba a
ser puntuales a nuestras citas. Sentíamos mucha admiración por ella, pero también
mucho temor, porque nadie sabía castigarnos con más eficacia. Una sola palabra
suya nos causaba más efecto que todos los castigos y reproches imaginables. Esa
palabra en labios de una niña era algo devastador.

   atreverse—*to dare* crecer—*to grow* esconder—*to hide* coger—*to pick*
   sombra—*shade* cita—*appointment* salvaje—*savage* despectivas—*insulting*
   mona—*cute*

100

1. Lolita dominaba a todos porque

   a. era hija de campesinos.
   b. era rica.
   c. era casi salvaje.
   d. vivía escondida.

2. Las hermanas de los chicos

   a. ni se arriesgan a salir al campo.
   b. saben subir a los árboles como Lolita.
   c. vendían fruta.
   d. tenían palabras despectivas para sus hermanos.

3. Lolita insistía en que

   a. los muchachos robasen fruta.
   b. los muchachos llegasen a tiempo.
   c. sus padres la dejasen libre.
   d. todos tuviesen doce años.

4. Para humillar a los chicos, Lolita

   a. lloraba y gritaba.
   b. los castigaba y después se marchaba.
   c. usaba una palabra devastadora.
   d. les negaba la fruta.

5. Lolita era

   a. mona.
   b. dulce.
   c. dominante.
   d. hermosa.

50. "¡Un niño se ha caído al agua!"
    "No, ¡se ha tirado! ¡ Lo he visto yo!
    "Se ha caído.
    "¡Le digo a usted que se ha tirado!"
    Anguila desapareció en el agua y al poco rato volvió a aparecer haciendo muecas horribles. Luego desapareció otra vez, como quien lucha con la muerte, para volver a asomarse agitando los brazos y gritando: "¡Socorro! ¡Socorro!" El público empezó a gritar: "¡Que se ahoga ese niño! ¡Salvad a ese niño!"
    Las mujeres a su vez gritaban: "¡Salvad a ese niño, cobardes!
    Anguila seguía desapareciendo y volviendo a aparecer cada vez más agitado.

Pero nadie se tiraba para salvarlo. Finalmente uno se tiró al agua y se acercó al niño nadando. Cuando llegó a él, lo <u>agarró</u> por los cabellos y lo <u>arrastró</u> hacia la orilla. "¿Te has caído o te has tirado?" le preguntó su salvador.

  "Me he tirado."

  "¿Y por qué te has tirado?"

  "Porque quería morirme."

  "¿Y por qué querías matarte?"

  "Porque <u>estoy muerto de hambre</u>."

   tirarse—*to throw oneself* mueca—*gesture* asomarse—*to show up*
   ahogar—*to drown* cobarde—*coward* volviendo a—*again* agarrar—*to grab*
   arrastrar—*to drag* estoy muerto de hambre—*I'm starving*

1. ¿Por qué gritaba la gente?

  a. Un niño se había perdido.
  b. Una niña se asomó a la orilla.
  c. Un chico estaba ahogándose.
  d. Un chico nadaba rápidamente.

2. ¿Qué discutían unos?

  a. Si era niño o niña.
  b. Si estaba fría o caliente el agua.
  c. Si se había caído o echado.
  d. Si debían entrar al agua.

3. ¿ Por qué estaba en el agua el chico?

  a. Deseaba suicidarse.
  b. Deseaba lavarse.
  c. Salvaba a una niña.
  d. Buscaba comida en el agua.

4. ¿Qué padecía el chico?

  a. Frío.
  b. Calor.
  c. Hambre.
  d. Dolor.

5. Para arrastrarlo a la orilla el salvador

  a. lo cogió por los pies.
  b. lo asió por los brazos.
  c. le agarró el pelo.
  d. le cortó el cabello.

PART III

Reading Comprehension
Short Passages

Directions (1-50): Below each of the following passages is one question or incomplete statement followed by four suggested answers lettered *a* to *d*. For each, write the letter of the word or expression that best answers the question or completes the statement in accordance with the meaning of the passage.

The correct answers are on p. 198 of the book.

PART III

Reading Comprehension
Short Passages
Vocabulary

1.   El idioma oficial de España es el español. Se habla en todas las provincias de España y en la mayoría de los países de América Latina. El idioma se aprende primero en el hogar y después en la escuela.

la mayoría—*the greater part*   el hogar—*at home*

La lengua materna se aprende en

a.   la escuela.
b.   la casa.
c.   las provincias.
d.   los libros.

2.   Los árabes vencieron al ejército cristiano y se apoderaron de España. Los cristianos se refugiaron en Asturias y eligieron por rey a un noble visigodo llamado don Pelayo. Don Pelayo reorganizó sus huestes y dio batalla a los árabes en Covadonga, donde sus valientes soldados lucharon con tanto valor que salvaron a Asturias.

apoderarse—*to conquer*   elegir—*to choose*   hueste—*follower*

La batalla final fue ganada por

a.   los árabes
b.   Covadonga
c.   los cristianos
d.   extranjeros.

3.   Había un hombre muy rico que vivía en un gran castillo cerca de un pueblo. Era muy bueno con los pobres y siempre estaba pensando en la manera de protegerlos, ayudarlos y mejorar su condición. Hacía obras de importancia; organizaba y ofrecía

fiestas. Junto al árbol de Navidad que preparaba para sus hijos, hacía poner otro con regalos para los niños pobres de la vecindad.

mejorar—improve

¿Por qué hacía buenas obras el hombre?

a. Para ganar popularidad.
b. Para ganar dinero.
c. Porque amaba a la gente.
d. Para dar gusto a sus hijos.

4. El sol calienta fuerte en la plaza del Castillo. Es el 7 de julio y falta poco para las doce. La gente joven anda coqueta, <u>pañuelo</u> al cuello, <u>alpargatas</u> blancas, <u>faja</u> roja en la <u>cintura</u> y por dentro del cuerpo, una batalla, un nervio que quiere estallar de un momento a otro. A las doce en punto salta el <u>cohete</u>, el "chupinazo", como lo llaman en Pamplona. Pamplona entera es un grito incontenible, <u>desbordado</u>. Un grito que durará una semana en honor de San Fermín, patrón de los navarros.

pañuelo—handkerchief   alpargatas—straw sandals   faja—sash
cintura—waist   cohete—rocket   desbordado—unbounded

¿Qué se va a celebrar en Pamplona?

a. Una fiesta patriótica.
b. Las fiestas patronales de San Fermín.
c. El cumpleaños del alcalde.
d. Nochebuena.

5. Cleopatra tenía sólo 16 años cuando Marco Antonio la visitó en Egipto. A esa edad, Cleopatra era una mujer más madura que las mujeres de mayor edad en otros países. En general, puede decirse que las jóvenes de ese país alcanzaban la <u>madurez</u> primero que las europeas de la misma edad. Es un error creer que la diferencia entre la <u>sabiduría</u> y la <u>necedad</u> guarda alguna relación con la edad. Hay mujeres que a los setenta años son más jóvenes espiritualmente que una joven de diecisiete.

madurez—maturity   sabiduría—wisdom   necedad—stupidity

La diferencia entre la sabiduría y la necedad

a. depende de la vejez.
b. se ve en la juventud.
c. no depende de la edad.
d. no es cosa espiritual.

6.   El servicio militar en España era obligatorio para todas las clases sociales en período de guerra. Fuera de este caso, existían algunas milicias contratadas únicamente para las guardias de los reyes. Era necesario defender las fronteras de los estados cristianos contra las incursiones musulmanas y proteger a los peregrinos que iban a Santiago. Para ello se crearon las órdenes militares de Calatrava, Santiago y Alcántara. Tenían carácter religioso y guerrero a la vez.

peregrinos—*pilgrims*

¿Para qué se formaron las órdenes militares?

   a.   Para educar a los niños aristócratas.
   b.   Para reformar a los delincuentes.
   c.   Para defenderse de incursiones extranjeras.
   d.   Para formar una clase social.

7.   Chapultepec, que significa en náhuatl "cerro del Chapulín", tiene gran importancia histórica. Fue asiento de los aztecas en la época prehispánica. Los aztecas perdieron en Chapultepec una batalla contra los tepanecas que dominaban el lago. Habiendo ganado los aztecas preponderancia sobre las demás tribus existentes, construyeron un templo en la parte superior del cerro. Moctezuma ordenó esculpir su efigie y la de sus antepasados en la falda oriental del mismo.

náhuatl—*Indian dialect*   cerro—*hill*   chapulín—*cricket*
efigie—*image*   antepasado—*ancestor*

¿Qué hizo esculpir Moctezuma en una parte del cerro?

   a.   Una estatua de los conquistadores.
   b.   Un templo.
   c.   Un muro de defensa.
   d.   Su imagen.

8.   Como has visto, mi marido es español, de Madrid. Tiene veintiocho años. Perdió a sus padres cuando era muy niño. El padre era un médico famoso, la madre una señora de la aristocracia. Nos conocimos en un club alpino. Miguel pasaba una temporada de descanso en el campo. Me lo presentó un millonario austríaco. Nos gustamos en seguida. Fue una pasión intensa. Eso es todo. Respecto a su carácter, tú mismo te convencerás en cuanto lo trates.

alpino—*alpine, m.*   temporada—*stay, visit, spell*   austríaco—*Austrian, m.*
en cuanto—*as soon as*

El español era

a. hijo único de una familia pobre.
b. huérfano.
c. médico.
d. abogado.

9. Ella <u>cuida</u> mucho sus manos que son muy blancas y hermosas. ¡Es tan distinguido tener unas hermosas manos! La mano es el medio por donde la inteligencia da a conocer sus pensamientos. Las blancas manos de Pepita parecen símbolo del dominio que tiene el espíritu humano sobre el cuerpo. Parece imposible creer que el que tiene manos como Pepita pueda encerrar un pensamiento que no sea puro.

cuidar—*to care for*

¿Qué cualidades expresan las manos de Pepita?

a. Indiferencia.
b. Frivolidad.
c. Pureza.
d. Dureza.

10. Un abogado ofreció una vez a un <u>labrador</u>, que si le daba diez pesetas, lo enseñaría a <u>pleitear</u> de manera que hubiera de vencer siempre. El labrador se lo prometió, y el abogado dijo: "Pues bien, <u>niega</u> siempre y siempre vencerás". Después le pidió las diez pesetas prometidas, a lo que el aldeano <u>repuso</u>: "Niego positivamente haberle prometido nada".

labrador—*worker*   pleitear—*dispute (at law)*   negar—*deny*   repuso—*he replied*

¿Cómo pone en práctica el labrador el consejo que acaba de recibir?

a. Se niega a hablar con el abogado.
b. Rehusa pagar al licenciado.
c. Escapa de la cárcel.
d. No quiere aprovecharse del consejo.

11. Estrella llamó a la puerta, y al no obtener respuesta, entró en la habitación de Miguel. Reinaba en el cuarto gran <u>desorden</u>. La joven <u>abarcó</u> la habitación con la mirada: <u>prendas</u> de vestir tiradas sobre la silla, <u>cuellos</u> y corbatas encima de la mesa y un montón de calcetines en el sofá. Los pasos de Miguel se oían en el dormitorio <u>contiguo</u>. Estrella estaba a punto de toser para hacerse notar, cuando la corriente de aire producida al abrir la puerta hizo volar un montón de papeles del escritorio.

desorden—*disorder*   abarcar—*to take in*   prendas—*articles*
cuello—*collar*   contiguo—*next door*

En el cuarto había

a. muchas botellas.
b. mucha gente.
c. mucha ropa.
d. muchos libros.

12. Dicen que en el fondo de cada español hay un teólogo. Efectivamente, el alma española mira hacia el cielo, hacia <u>el más allá</u> y está llena de poesía, amor y dolor. El pueblo tiene una fe religiosa sencilla y <u>honda</u>. Cada año revive la pasión de Cristo. Tradicionalmente el pueblo efectúa procesiones por las calles, llevando las imágenes de Jesucristo y de la Virgen María. Estas imágenes <u>se alzan</u> sobre hermosos pedestales y se considera un honor llevar la <u>pesada</u> carga sobre los hombros devotos.

el más allá—*the beyond (heaven)*   honda—*deep*   alzar—*lift*   pesada—*heavy*

Las imágenes de Jesucristo y la Virgen María son llevadas

a. en automóviles.
b. por los sacerdotes.
c. por los devotos.
d. por los niños.

13. Juan Andrés era tipógrafo y entusiasta colaborador de una revista revolucionaria. Poco antes de medianoche salió Juan Andrés de la <u>imprenta</u> en que trabajaba para dirigirse a su casa. Llegó a ella, sin embargo, a las doce del día siguiente, porque a las dos <u>cuadras</u> notó que salía <u>humo</u> de una papelería y tuvo que ayudar a los <u>bomberos</u>.

imprenta—*printing plant or office*   cuadra—*block*   humo—*smoke*
bombero—*firefighter*

¿Cuándo llegó a su casa?

a. A las doce de esa misma noche.
b. Antes de medianoche.
c. A la una.
d. Doce horas después.

14. La leche <u>descremada</u> en polvo es leche de vaca a la que una vez extraída prácticamente toda su materia <u>grasa</u>, se pulveriza mediante un moderno procedimiento.

Su valor energético y carencia de grasa ofrecen una leche recomendada en las dietas de <u>adelgazamiento</u>.

descremada—*skimmed*   grasa—*fat*   adelgazamiento—*weight loss*

¿Para qué sirve la leche descremada?

   a.   Para pintar.
   b.   Para hacer tinta invisible.
   c.   Para perder peso.
   d.   Para ahorrar grasa.

15. Un <u>consejo</u> para sus vacaciones que no cuesta nada pero ofrece mucho: Viva en un castillo durante una semana. La <u>habitación doble</u>, incluyendo cenas a la luz de las <u>velas</u>, le cuesta 2.135 <u>pesetas</u> diarias. Consulte a su agencia de viajes o envíenos este cupón. Dentro de unos días tendrá en su casa nuestro <u>folleto</u> y sus grandes programas de vacaciones.

consejo—*advice*   habitación doble—*double room*   velas—*candles*
pesetas—*pesetas (Spain's currency)*   folleto—*brochure*

¿Qué propone este anuncio?

   a.   Un plan de vacaciones.
   b.   Viajar mucho.
   c.   Tomar el tren.
   d.   Huir.

16. Los grandes problemas no siempre necesitan grandes soluciones. Pero sí las necesitan buenas y efectivas. Y eso es la Xerox 3400. Una copiadora que en el mínimo de espacio, proporciona la máxima productividad y <u>confiabilidad</u> en los trabajos de copia y clasificación. No se <u>fije</u> solamente en el tamaño de Xerox 3400. Conozca todas sus posibilidades y ventajas. Una de ellas ya es el tamaño.

confiabilidad—*trustworthiness*   fijarse en—*to pay attention to*

¿Qué virtud tiene esta copiadora?

   a.   Combina eficiencia con menor volumen.
   b.   Es un hermoso mueble.
   c.   Cuesta poco considerando el tamaño.
   d.   Tiene 3.400 partes.

17.   La moda del hombre está cambiando. Los grandes creadores imponen esta primavera los colores ecológicos, las <u>americanas</u> cortas, los <u>hombros</u> amplios, el <u>talle</u> <u>suelto</u> y las <u>solapas</u> más largas y <u>finas</u>.

> americana—*jacket*   hombros—*shoulders*   el talle—*waist*   suelto—*loose*
> solapa—*lapel*   fina—*narrow*

¿Qué nos revela este anuncio?

    a.   Las nuevas faldas para los hombres.
    b.   El nuevo estilo de zapatos.
    c.   La última moda masculina.
    d.   Los problemas ecológicos.

18.   El amor se demuestra con <u>hechos</u>. La placa de oro "Alerta Médica" es una demonstración de que decir "te quiero"; no es sólo unas palabras. Es una protección que se ofrece a la mujer, al marido, a los hijos. . . . La "Alerta Médica" es un verdadero documento de identidad de <u>oro</u>, para que puedan <u>avisar</u> en caso de accidente o enfermedad inesperada.

> hechos—*deeds, facts*   oro—*gold*   avisar—*to inform*

¿Para qué sirve esta placa?

    a.   Junta lo práctico con lo hermoso.
    b.   Declara el amor públicamente.
    c.   El marido identifica a la mujer.
    d.   Protege de infecciones.

19.   Con toda comodidad, el periódico Vanguardia en su casa. Todos los días. Puntual. Exacto. En su <u>buzón</u>, o en la puerta de su casa. Para que a Ud. sólo le cueste un <u>gesto</u>: abrir y leer.

> buzón—*mailbox*   gesto—*gesture*

¿Qué sugiere este anuncio?

    a.   Leer el periódico.
    b.   Ser puntual.
    c.   Suscribirse al periódico.
    d.   Que compren su periódico.

20.   Fue un <u>cocinero</u> español quien inventó la primera salsa de tomate del mundo. En efecto, antes de que este desconocido héroe pensase combinar con <u>aceite</u> de oliva

y cebolla la extraña fruta que trajo Cortés de México, los europeos consideraban el tomate como un producto despreciable.

cocinero—*cook, m.*   aceite—*oil*   despreciable—*worthless*

El tomate se consideraba

a. fruta predilecta.
b. fruta inferior.
c. producto despreciable.
d. producto europeo.

21. El gazpacho es probablemente la sopa española, aunque técnicamente no sea en realidad una sopa, ya que no requiere ser cocida. El secreto para conseguir un gazpacho cremoso y sabroso, consiste en marinar con una antelación de unas dos horas el pan, pimiento verde, pepino y tomate, con vinagre, aceite de oliva y ajo, para después pasar todo por tamiz, consiguiendo una especie de puré brillante y espeso.

cocida—*cooked, f.*   antelación—*in advance*   pimiento—*green pepper*
pepino—*cucumber*   ajo—*garlic*   tamiz—*fine sieve*   espeso—*thick, m.*

Lo que no se necesita para tener un gazpacho delicioso es:

a. gustarlo.
b. condimentarlo.
c. guisarlo.
d. echarlo.

22. Horóscopo. Aries: Una brusca reacción le hará sostener discusión con su pareja. Las conjunciones astrales no son positivas en esos terrenos. Proteja la estabilidad de sus relaciones.

brusca—*sudden*   astral—*star related*

¿Qué le aconsejan las estrellas a los Aries?

a. Evitar una riña con su novio.
b. El amor de los Aries no es sincero.
c. La lucha es inevitable.
d. El amor sale siempre victorioso.

23. Un letrero grande de fondo blanco con letras negras y rojas llamó la atención de la viuda. Había mucha gente delante del letrero y la curiosidad le hizo cruzar la

calle. Al llegar cerca vió que decía: La mayoría de los cánceres pueden ser curados,
si son tratados a tiempo.

letrero—*sign* fondo—*background*

¿Qué esperanza da el letrero?

a. El cáncer es un cruel enemigo.
b. El remedio casero puede curar el cáncer.
c. El radium ha curado muchos cánceres.
d. El cáncer no es incurable.

24. ¿Le gusta hacer ejercicios? Puede hacer este ejercicio por la mañana, antes de
ir a la escuela. Posición inicial: Acuéstese en el suelo del lado <u>izquierdo</u>, con el brazo
izquierdo debajo de la cabeza. Levante la pierna <u>derecha</u> y bájela lentamente. Repita
cinco veces y después pase al lado derecho y haga el mismo ejercicio con la pierna
izquierda. En cinco minutos se sentirá vigorizada y vibrante.

izquierdo—*left* derecha—*right*

¿Qué efecto le hace el ejercicio?

a. Le hace perder peso.
b. El lado izquierdo será igual al derecho.
c. Le hace perder las clases.
d. Le dará más energía.

25. Para esos momentos de apuro, cuando no tiene Ud. desinfectante, le recomen-
damos utilizar el ajo crudo. Es de gran efectividad y además nos puede sacar de
cualquier apuro.

¿Qué evita el ajo crudo?

a. Los olores ofensivos en la casa.
b. El aliento ofensivo.
c. Las infecciones.
d. Ensalada insípida.

26. Para limpiar el <u>marfil</u> basta formar una <u>pasta</u> con polvo de piedra Pómez muy
fino y agua fría. Se <u>frota</u> el objeto con esta pasta empleando un cepillo muy fino y se
<u>enjuaga</u> con agua clara; después se frota en <u>seco</u> con un <u>trapo</u> de seda o <u>gamuza</u>.

el marfil—*ivory* pasta—*paste* frotar—*to rub* enjuagar—*to rinse*
seco—*dry* trapo—*rag* gamuza—*chamois*

¿Cómo se limpia el marfil?

   a.   Con agua clara y cepillo.
   b.   Con pincel de seda.
   c.   Con un empaste.
   d.   Con trapo y aceite.

27.   Cada cinecámara le ofrece un perfecto confort de <u>manejo</u> de nivel técnico más moderno. Los cargadores "Super 8" se deslizan en la cámara como una carta en el buzón. Una señal luminosa en el visor anuncia el final de la película. Todas las cámaras son accionadas eléctricamente por un <u>juego de baterías</u> alojado en la <u>empuñadura</u>.

> manejo—*handling*   juego de baterías—*a set of batteries*   empuñadura—*handle*

Es muy fácil

   a.   poner la película en la cámara.
   b.   poner baterías en la cámara.
   c.   ajustar la empuñadura.
   d.   indicar dónde está el buzón.

28.   Dos jóvenes españoles proyectan un viaje de carácter científico y aventurero desde Callao a Sidney, Australia, con una <u>balsa</u> igual a las construídas hace más de mil años por los incas. La balsa será construída en Perú con la colaboración de algunos indígenas, y en <u>la tela</u> de <u>la vela</u> llevará un emblema pintado por Dalí.

> balsa—*raft*   la tela—*cloth*   la vela—*sail*

Los dos jóvenes viajarán

   a.   en avión.
   b.   en transatlántico.
   c.   en bote antiguo.
   d.   en máquinas científicas.

29.   Un nuevo tratamiento de belleza aplicado a la <u>depilación</u>, que destruye definitivamente <u>el vello</u> haciendo morir <u>la raíz</u>, ha sido realizado por un famoso laboratorio de la capital francesa.

> depilación—*hair removal*   el vello—*down*   la raíz—*root*

¿Qué promete este descubrimiento?

   a.   Limpiar la cara mejor que el jabón.
   b.   Arrancar el pelo permanentemente.
   c.   Teñir el pelo.
   d.   Reforzar las raíces.

30.   Estados Unidos declaró por boca de su Presidente, el deseo americano de restablecer de alguna forma inicial las relaciones con la República Popular de China. Inmediatemente después, el Departamento de Estado levantó la prohibición de viajar a China a los súbditos americanos y declaró que acogerá con satisfacción un intercambio cultural y periodístico.

inicial—*initial, starting*   súbditos—*citizens*   acoger—*welcome, to accept*

¿Cuál será el resultado de esto?

   a.   Romper relaciones con China.
   b.   Normalizar relaciones con China.
   c.   Volar a China.
   d.   Televisar a China.

31.   Entienda—Hable inglés, francés o alemán en un solo mes. Categórica, irreversiblemente, esto es factible con el sistema ultrarrápido. Abierta matrícula para julio.

factible—*that can be done*

¿Qué garantiza este anuncio?

   a.   Plazas inmediatas para bilingües.
   b.   Secretarias bien preparadas.
   c.   Método acelerado para aprender idiomas.
   d.   Método rápido para escribir lenguas.

32.   Emigrante: No hagas caso de las promesas u ofrecimientos de agencias o particulares. Sólo el Departamento de Emigración está autorizado para informarte y para documentarte gratuitamente.

¿Qué aconseja el anuncio?

   a.   El que quiere emigrar será encarcelado.
   b.   La emigración incapacita.
   c.   Las agencias de viajes son gratuitas.
   d.   Si quiere emigrar no se deje engañar.

33. Nueve <u>reclusos</u> han resultado muertos y various heridos al <u>registrarse</u> una lucha ayer en la cárcel. El secretario de Justicia ha ordenado una investigación inmediata de los disturbios ocurridos pocos meses después de que veintinueve fueron <u>apuñalados</u> o muertos a tiros en una serie de luchas.

recluso—*prisoner, m.*   registrarse—*to record*   apuñalados—*stabbed*

¿Por qué se ordenó una investigación?

a.   Hubo motín en la prisión.
b.   Se declaró guerra en la cárcel.
c.   Apuñalaron al secretario de Justicia.
d.   Los prisioneros se rebelaron contra un director.

34.   Se ofrece puesto de vendedor a persona con buenos conocimientos del mercado de neumáticos nuevos y <u>recauchutados</u>. Experiencia dos años. Posibilidad de promoción a jefe de ventas.

recauchutados—*retreaded*

¿Qué promete este anuncio?

a.   Buenas ruedas para el coche.
b.   Experiencia que dura dos años.
c.   Empleo con futuro.
d.   Graduarle de la escuela de vendedores.

35.   Los médicos pueden ya considerar a la leucemia como una enfermedad con esperanza, declaró un doctor norteamericano. <u>Se señala</u> que en un cincuenta por ciento de los casos, <u>mediante</u> la combinación de una serie de medicinas ya conocidas, puede desaparecer completamente la enfermedad.

se señala—*it is pointed out*   mediante—*by means of*

¿Qué esperanza ofrece la noticia?

a.   Completa curación de la leucemia.
b.   Aumenta cincuenta por ciento de la enfermedad.
c.   Hay una nueva medicina.
d.   Las investigaciones recibirán más dinero.

36.   El número de mujeres que poseen <u>pelucas</u> y <u>postizos</u> aumenta de día en día. Ello es debido a que cada vez hay menos tiempo. Las mujeres con poco tiempo y

muchas obligaciones sociales tienen varios postizos o pelucas que las ayudan a <u>salir</u> <u>airosas</u> de estos casos.

> pelucas—*wigs* postizo—*hairpiece* aumenta—*increases*
> salir airosa—*come out with flying colors*

¿A qué se debe el aumento en el uso de pelucas?

a. Es una solución para mujeres atareadas.
b. La peluquería ya cuesta demasiado.
c. Las mujeres reciben más invitaciones.
d. Las mujeres lucen mejor con peluca.

37. Una sociedad japonesa ha realizado el primer ciclomotor eléctrico del mundo, que alcanza una velocidad de veinte kilómetros por hora y funciona por medio de <u>pilas</u> que se cargan con <u>una toma</u> normal de electricidad.

> pila—*battery* una toma—*intake* acumuladores—*battery*

¿Cómo se propulsa el ciclomotor?

a. Por medio de gasolina muy fina.
b. Por medio de frenos.
c. Por medio de <u>acumuladores</u>.
d. Por medio de energía humana.

38. Los psicólogos aseguran que el color rojo es culpable del aumento de la presión sanguínea y de las querellas conyugales. Sin embargo, tiene también aspectos positivos como son los de dar alegría al ambiente, aumentar la seguridad en sí mismo y elevar la temperatura en dos grados.

¿Cómo afecta el color rojo a algunos?

a. Les da calentura peligrosa.
b. Les hace bailar en las calles.
c. Eleva la confianza.
d. Estimula el entendimiento.

39. Anuncio. En pleno centro, pisos gran <u>lujo</u>. <u>Constan</u> salón comedor, cuatro dormitorios y sala juego de niños, tres cuartos de baño, cocina, terraza y armarios <u>empotrados</u>. Hay dos ascensores.

> lujo—*luxury* constan de—*consist of* empotrados—*built-in*

¿Qué se vende?

a. Apartamentos.
b. Casa particular.
c. Oficina amueblada.
d. Casa de juego para niños.

40. ¡Atenciones novios! El matrimonio es el paso más transcendental de vuestra vida. ¿Conocéis la responsabilidad que encierra? Cursillos intensivos de preparación para el matrimonio, que darán comienzo el lunes de la semana entrante.

¿Por qué aconsejan matricularse?

a. Para evitar problemas conyugales.
b. Estudiar filosofía transcendental.
c. Aprender nuevos pasos para el baile.
d. El aprender es interminable.

41. Invitación. Los señores Méndez y los señores Castillo <u>participan</u> el matrimonio de sus hijos Susana y Remigio y lo invitan a la ceremonia religiosa que tendrá lugar en la iglesia Santa Rosa el quince de junio a las cuatro de la tarde. Fiesta en el salón Azul del Hotel Barca a las seis en punto.

participan—*announce*

¿Qué se celebra?

a. Una fiesta religiosa.
b. La Cuaresma.
c. Misa de gallo.
d. Una boda.

42. El Banco local le ofrece la "Cuenta de Ahorro Dorada" que le da intereses más altos porque usted deja una cantidad específica de dinero en depósito por un período específico de tiempo. Su dinero trabaja por usted ya que los intereses son computados diariamente y acreditados <u>trimestralmente</u>.

trimestralmente—*quarterly, every three months*

¿Por qué se ofrece interés más alto?

a. El Banco local es caritativo.
b. Porque el dinero queda en depósito durante un período específico.
c. La ley lo manda.
d. Para aumentar su clientela.

43.   Ahora Ud. puede ordenar que le depositen directamente su cheque del Seguro Social en la cuenta de cheques o de <u>ahorro</u> de su banco. No tiene que hacer un viaje especial al banco para depositar el cheque. No necesita preocuparse de que el cheque se pierda o se lo roben. Si tiene que salir de viaje puede hacerlo con confianza, ya que su dinero será depositado automáticamente en su cuenta.

ahorros—*savings*   fondos—*savings*

¿Qué procura hacer este servicio bancario?

a.   Hacer viajar a los viejos.
b.   Aumentar los <u>fondos</u> de Seguro Social.
c.   Ahorrar más.
d.   Evitar pérdida o robo del Seguro Social.

44.   Anuncio: Reglas especiales se aplican a los beneficiarios del Seguro Social mientras están fuera de los Estados Unidos. Si Ud. sale del país por treinta días o más, su ausencia puede afectar su derecho a recibir los pagos. Para más información, solicite en cualquier oficina del Seguro Social el folleto "Su cheque del Seguro Social mientras está fuera de los Estados Unidos".

¿Qué información ofrece este anuncio?

a.   Se necesita mucho dinero para viajar fuera de los Estados Unidos.
b.   Se pierde fácilmente el dinero durante un largo viaje.
c.   Se puede perder el derecho a recibir Seguro Social si se hace un viaje larguísimo.
d.   Los Estados Unidos aseguran el cheque del Seguro Social.

45.   La forma usual de celebrar cualquier acontecimiento doméstico —un bautizo, una boda o un entierro— es una <u>comilona</u> a base de la paella de arroz, el plato regional. Pero lo que no se sabe es que el nombre de este plato procede del recipiente donde se prepara y cocina. La paella es una especie de <u>sartén</u> baja, amplia y con dos <u>asas</u>.

comilona—*large meal*   sartén—*frying pan*   asa—*handle*

En realidad, ¿qué es una paella?

a.   Una boda.
b.   Un utensilio.
c.   Un arroz especial.
d.   Un suceso doméstico.

46.   El domingo de Resurrección marca tradicionalmente en Madrid una fecha
clave para el teatro. Es día de estrenos, con el que se inicia la temporada teatral de
primavera. La capital de España, es una de las ciudades del mundo que desarrolla
una mayor actividad en este aspecto.

> clave—*key*   estreno—*premiere*   temporada—*season*
> desarrollar—*to develop*

¿Qué significa el domingo de Resurrección en Madrid?

- a.   Es fiesta religiosa.
- b.   Todas las puertas se abren con llaves.
- c.   Se abre la estación teatral.
- d.   Se celebra el centenario de Madrid.

47.   Se ha inventado otra cosa para dar seguridad a los automóviles. Es un aparato
que evita incendios en los vehículos cuando éstos sufren accidentes de funestas
consecuencias. Su principio fundamental está en cortar la corriente eléctrica automáticamente. El aparato desconecta la batería y evita los cortocircuitos, causa
básica de los incendios.

> funestas—*devastating*   cortocircuitos—*short-circuits*

¿Cómo evita el incendio este aparato?

- a.   Hace sonar campanillas.
- b.   Tiene ruedas antirreventón.
- c.   Con el corte instantáneo de la corriente.
- d.   Causa frenaje automático.

48.   Más de ciento veinte emisoras de Radio y Televisión Española llevan hasta el
último rincón de España la Enseñanza Media. Esto ofrece a todos los españoles,
independientemente de sus condiciones económicas o ubicación geográfica, la
posibilidad de cursar estudios de Enseñanza Media y recibir el "Bachillerato
Radiofónico Español".

> emisora—*radio station*   ubicación—*location*   cursar—*to attend (courses)*

¿Qué ofrece la televisión a todos los españoles?

- a.   La oportunidad de educarse dondequiera que estén.
- b.   Entretenerlos por todo el país.
- c.   Estudiar a los españoles mientras reposan.
- d.   Descubrir si conocen la geografía.

49.   Antes, en España todo ejercicio violento se tenía por vulgar y propio de la gente baja. Hoy la situación ha cambiado por completo, y raro es el deporte inglés o norteamericano que no ha penetrado en las principales capitales españolas. El fútbol especialmente se ha convertido en el deporte más popular, casi tanto como los toros. La razón por qué el fútbol ha fascinado a los españoles es que es un deporte vivo, rápido y turbulento.

fútbol—*soccer*   tanto como—*as much as*

¿Qué tiene de encanto el fútbol para los españoles?

    a.   Se deleitan observando a la clase baja.
    b.   Juegan los equipos ingleses y norteamericanos.
    c.   Es más excitante que los toros.
    d.   Les seduce la animación y la velocidad.

50.   El señor Blanco cayó enfermo durante unas vacaciones en el campo. El médico dijo en seguida que la enfermedad no tenía ninguna importancia. Pero pasaban los días y el enfermo seguía en la misma condición.   —No tenga cuidado, amigo mío, le insistió el médico. Yo sufrí la misma enfermedad hace dos años y aquí me tiene.
—Muy bien, dijo el señor Blanco. Pero usted tenía otro médico.

en seguida—*immediately*   no tenga cuidado—*don't worry*

¿Cómo sabía el médico que la enfermedad no era seria?

    a.   El señor Blanco ya parecía mucho mejor.
    b.   Tenía medicinas efectivas.
    c.   La había sufrido él mismo.
    d.   No hay enfermedad importante.

PART III

Reading Comprehension
Cloze Procedure

Directions (1-50): In each of the following passages, the blanks numbered *I* to *V* represent words or expressions that are missing. For each blank, five words or expressions are given below the passage. First read the entire passage to determine its content. Then reread the passage and write the number of the one word or expression which meaningfully fills in each blank.

The correct answers are on p. 199 of the book.

PART III

Reading Comprehension
Cloze Procedure
Vocabulary

1. Al llegar el verano, la ensalada se convierte en ___I___ más agradable del mundo, tanto entre las personas que están <u>disfrutando</u> del aire de la montaña como entre las que tienen que <u>aguantar</u> los días más calientes del año. Con ___II___ la palabra ensalada se dice con gusto recordando lo agradable que es al paladar este alimento refrescante y ___III___ . Además, su riqueza en vitaminas y en ___IV___ las clasifica en primerísimo lugar de una dietética bien entendida. Y esto interesa especialmente a las personas que viven pensando siempre en ___V___ .

disfrutando—*enjoying*   aguantar—*to tolerate*   al paladar—*to the taste (flavor)*

I.	1. una porquería		IV.	1. oro
	2. el plato			2. minerales
	3. una carne			3. plata
	4. una fruta			4. arena
	5. un postre			5. grasa
II.	1. el diccionario		V.	1. la línea
	2. la pluma			2. la cebolla
	3. el calor			3. volar
	4. el jardín			4. tomates
	5. el lápiz			5. cocineros
III.	1. sabroso			
	2. feo			
	3. seco			
	4. alto			
	5. caliente			

2. Las extraordinarias conquistas de nuestros tiempos, los descubrimientos e ___I___ en todos los terrenos, se han conseguido y pueden conservarse únicamente a costa de un gran esfuerzo ___II___ . Los <u>apremios</u> a la capacidad del individuo en su lucha por la existencia han aumentado enormemente y sólo puede afrontarlos

poniendo en juego hasta el límite todo __III__ de su mente. La expansión ilimitada de las comunicaciones ha transformado por completo las condiciones de vida. Todo es prisa y agitación; hasta los viajes de vacaciones mantienen __IV__ al sistema nervioso; la vida en las grandes ciudades se va haciendo <u>cada día más</u> intensa e __V__ .

apremios—*pressure*   cada día más—*more and more*

<table>
<tr><td>I.</td><td>1. aviones
2. coches
3. invenciones
4. árboles
5. plantas</td><td>IV.</td><td>1. el sol
2. los coches
3. en tensión
4. la comida
5. la familia</td></tr>
<tr><td>II.</td><td>1. biológico
2. psicológico
3. mental
4. inútil
5. costoso</td><td>V.</td><td>1. ruidosa
2. inigual
3. calurosa
4. inquieta
5. enorme</td></tr>
<tr><td>III.</td><td>1. la piel
2. el hueso
3. los ojos
4. el pelo
5. el poder</td><td></td><td></td></tr>
</table>

3.   Francisco Miranda inició los estudios elementales en la ciudad <u>natal</u> y quiso hacer los __I__ en la Real y Pontífica Universidad. Las autoridades del establecimiento, saturadas de medievalismo, y los vecinos de <u>coturno</u>, cargados de perjuicios, no encuentran en el padre de Francisco satisfacción y por eso __II__ que Francisco haga carrera en Madrid.

En 1771, Francisco se instala en Madrid con <u>holgura</u> de joven gran señor. Su padre lo ha <u>provisto</u> de abundante __III__ y poseído de ambición <u>se entrega</u> __IV__. Lengua, filosofía, literatura, todo quiere aprenderlo. Viste con elegancia y procura __V__ sociales distinguidas.

natal—*natal, native*   coturno—*elevated style*   holgura—*ease, comfort*
provisto—*provided*   se entrega—*dedicates, devotes*

I.   1. primarios
2. ejercicios
3. universitarios
4. profesores
5. historiadores

II.			IV.	
	1. corre			1. al estudio
	2. se marcha			2. a nadar
	3. canta			3. a pasearse
	4. va			4. a reposarse
	5. decide			5. a dormir la siesta

III.			V.	
	1. escuelas			1. partidos
	2. dinero			2. expediciones
	3. coches			3. guerras
	4. muebles			4. intrigas
	5. casas			5. relaciones

4.   Un ingeniero alemán cierra la puerta de una ___I___ instalada en la gran sala de producción. La joya que allí ___II___ con aire acondicionado y cerrojo de seguridad, es simplemente una máquina de hacer calcetines.

Una máquina, podría pensarse, como cualquier otra en la industria textil, pero con una pequeña diferencia: no hace ___III___ o calcetines sino ___IV___ para el cuerpo humano.

En los Estados Unidos se intentó primeramente recortar camisas de nilón y coser las tiras en forma ___V___ para hacer circular la sangre. Fue un comienzo pero no tuvo éxito. Hoy se toma un fuerte hilo poliéster cuya estructura permite la flexibilidad que tienen las venas naturales.

joya—*jewel, precious thing*   cerrojo de seguridad—*double lock*   calcetines—*socks*

I.			IV.	
	1. cuarto			1. música
	2. cámara			2. arterias
	3. taberna			3. conversación
	4. cartera			4. aceras
	5. lavaplatos			5. paraguas

II.			V.	
	1. baila			1. tubular
	2. se vende			2. cuadrada
	3. guarda			3. triangular
	4. está bañándose			4. alta
	5. llora			5. ornamentada

III.	
	1. películas
	2. ruido
	3. fotos
	4. bel canto
	5. medias

5. Para los cientos de miles de personas que se lanzan estos días a la carretera en viaje de vacaciones, hay que recomendar unas __I__ de prudencia y de higiene que no todo el mundo conoce. El enemigo número uno del automovilista en esta época es __II__ . Contrariamente a lo que se cree, puede afectarnos sin que hayamos estado expuestos al sol. Y somos particularmente vulnerables dentro del __III__ , habitáculo exiguo recalentado por el motor. Se debe evitar, siempre que sea posible, el dejar el coche estacionado el sol. Y si no __IV__ que dejarlo al sol, al entrar de nuevo no se debe uno sentar en __V__ que abrasan. Antes de sentarse, hay que ventilar bien el coche, dejando abiertas las puertas y bajando las ventanillas.

habitáculo—*tiny cubicle*   estacionado—*parked*   uno—*oneself*   abrasan—*burning*

I.   1. enfermedad
     2. vistas
     3. mentiras
     4. clasificaciones
     5. reglas

II. 1. el dinero
     2. el policía
     3. el calor
     4. el hielo
     5. el sufrimiento

III. 1. avión
     2. auto
     3. tren
     4. horno
     5. baño

IV. 1. vale la pena
     2. queda más remedio
     3. tienen razón
     4. sienten calor
     5. les gusta

V.   1. asientos
     2. cuartos
     3. juegos
     4. guantes
     5. volantes

6. Cierto amigo mío que vive en las afueras de la capital y __I__ en ésta, se levanta de madrugada para tomar __II__ y se duerme durante el viaje. Cuando el conductor pasa revisando __III__ enseña el suyo, sin abrir los ojos. Ocurrió que una mañana, mientras dormía en paz, sintió que lo sacudían, así que metió la mano en __IV__ y sacó el boleto del ferrocarril. De repente despertó al oir la voz de su mujer. Era domingo, estaba en __V__ y el sacristán pasaba en ese momento con la bandeja para la colecta.

afueras—*outskirts*   sacristán—*sexton*   bandeja—*tray*

I.   1. habita
     2. vuela
     3. sueña
     4. tiene frío
     5. trabaja

II. 1. el café
     2. el sombrero
     3. el tren
     4. el coche
     5. la maleta

III. 1. los boletos
     2. los abrigos
     3. los pasaportes
     4. los anteojos
     5. las carteras

IV. 1. la ventana
     2. el bolsillo
     3. el vecino
     4. el conductor
     5. el vaso

V.   1. su dormitorio
     2. el restaurante
     3. el coche
     4. la iglesia
     5. la cama

7. Parece que todos necesitamos <u>soñar</u>. Los sueños ocurren varias veces mientras __I__ , cualidad que, según parece, compartimos con los gatos, los perros y casi todos los demás mamíferos que se han estudiado. Más aún, apenas si existe la plácida inconsciencia que __II__ con el dormir.

Incluso, la gradual pérdida de la consciencia que experimentamos al conciliar el sueño es, con toda probabilidad, una ilusión. Más o menos diez minutos después de __III__ dormida, la persona se sume en las cuatro __IV__ del sueño, cada una definida por las <u>ondas</u> particulares. Durante este período __V__ las <u>pesadillas</u>.

soñar—*to dream*   ondas—*waves*   pesadillas—*nightmares*

I.   1. andamos
     2. volamos
     3. hablamos
     4. escribimos
     5. dormimos

II. 1. despiertan
     2. ocurre
     3. regresa
     4. acaba
     5. fatiga

III. 1. vestirse
     2. desvestirse
     3. quedarse
     4. peinarse
     5. elevarse

IV. 1. etapas
     2. horas
     3. frecuencias
     4. noches
     5. impresiones

V.   1. levantamos
     2. tenemos
     3. recordamos
     4. despertamos
     5. terminamos

8. Durante el último decenio los relojes atómicos han revolucionado la forma de medir __I__ . Hoy casi todo el mundo, directa o indirectamente, __II__ el <u>transcurso</u> de las horas por la actividad interna del átomo, y no por el movimiento de

las estrellas. El __III__ físico en que se basan no tiene nada que ver con la fusión ni con la fisión.

El __IV__ que lo hizo posible se obtuvo en una serie de __V__ realizados a fines del decenio de 1930 a 1939 por el físico Isidor Rabi, de la Universidad de Columbia y ganador del Premio Nobel.

transcurso—*passage* decenio—*decade*

I.   1. las estaciones
       2. la salud
       3. el tiempo
       4. el vuelo
       5. el amor

II.   1. mide
       2. acumula
       3. evita
       4. necesita
       5. gana

III.   1. fin
       2. radio
       3. periódico
       4. principio
       5. tiempo

IV.   1. hombre
       2. tiempo
       3. descubrimiento
       4. noticiario
       5. segundo

V.   1. planetas
       2. experimentos
       3. propiedades
       4. estrellas
       5. átomos

9.   Se puede aconsejar a todas las personas jóvenes que tienen problemas con su piel que se pongan al sol y tomen buenos __I__ de mar. Además del beneficio que obtendrán desde el punto de vista de la estética, se verán beneficiadas desde el punto de vista médico. Hay que especificar que estos beneficios __II__ exclusivamente con el sol de __III__ y de la montaña pues allí el aire es lo suficientemente __IV__ para dejar filtrar lo más posible los rayos ultravioleta; en cambio, en las ciudades el aire suele estar contaminado por __V__ de las industrias, que sólo deja pasar los rayos infrarrojos.

suele estar—*usually is*

I.   1. peces
       2. amigos
       3. vapores
       4. baños
       5. puentes

II.   1. se compran
     2. se obtienen
     3. se venden
     4. se leen
     5. se irritan

IV.   1. sucio
     2. feo
     3. espeso
     4. raro
     5. puro

III.   1. la playa
     2. la lámpara
     3. la sala
     4. la ciudad
     5. la escuela

V.   1. las máquinas
     2. el polvo
     3. los empleados
     4. las fábricas
     5. los dueños

10.   Uno de los peores enemigos de la salud, y, por lo tanto, del bienestar físico, es la vida sedentaria. <u>Permanecemos</u> sentados horas y horas. Esta mala postura <u>afloja</u> ___I___ del abdomen. La investigación científica, sin embargo, ha solucionado también este problema. Este sencillo ___II___ , científicamente diseñado, proporciona un ejercicio físico completo. Su ___III___ básica consiste en fortalecer de nuevo los músculos del abdomen, devolviéndoles ___IV___ perdida. La consecuencia más ___V___ es la reducción de la <u>barriga</u>.

permanecemos—*we remain*   afloja—*slackens, loosens*   barriga—*belly, abdomen*

I.   1. los pies
     2. los músculos
     3. la silueta
     4. la columna vertebral
     5. la felicidad

IV.   1. la elasticidad
     2. la grasa
     3. la edad
     4. la espalda
     5. la digestión

II.   1. edificio
     2. mapa
     3. platillo
     4. cantador
     5. instrumento

V.   1. tonta
     2. trágica
     3. odiosa
     4. visible
     5. desdeñosa

III.   1. iluminación
     2. caja
     3. función
     4. entrada
     5. rueda

11.   Todo el mundo sabe que el ___I___ de América fue obra de España. <u>Naves</u> españolas eran las de Cristóbal Colón y españoles eran los hombres que lo acompañaron en su memorable ___II___ . Pero de lo que no ___III___ se da cuenta es de que

esta empresa fue una obra gigantesca, grandiosa y noble. España fue a América y allí dejó su ___IV___ , su espíritu, su sangre y sus tradiciones. Una veintena de naciones soberanas son testimonio elocuente de la obra ___V___ española en el continente americano.

naves—*ships*   empresa—*enterprise*   veintena—*score (twenty and some)*

I.   1. derrumbamiento
     2. descubrimiento
     3. precio
     4. amor
     5. soldado

II. 1. muerte
     2. vuelo
     3. viaje
     4. venganza
     5. poder

III. 1. todo el mundo
     2. nadie
     3. la persona
     4. ninguno
     5. alguien

IV. 1. idioma
     2. museo
     3. zapato
     4. coche
     5. cometa

V.   1. doméstica
     2. extranjera
     3. civilizadora
     4. mala
     5. médica

12. La presencia de la mujer en todos los órdenes de la vida es ya un hecho en España. Ocupa ___I___ de responsabilidad en todos los órdenes y profesiones y ___II___ para colaborar con el hombre en todos los campos. No en plan competitivo, sino en el de compañera y colaboradora. En fábricas, oficinas, escuelas profesionales, en la universidad, en centros sanitarios y de investigación, la mujer ha entrado por ___III___ grande para prestar ___IV___ eficaz y competente.
     Las estadísticas nos demuestran que la inquietud intelectual de la mujer, por las ___V___ de ciencia, más por las letras, corre pareja a la que siente el hombre.

la puerta grande—*the main door*   letras—*fine arts*   corre pareja—*runs equal*

I.   1. sillas
     2. cargos
     3. cuartos
     4. restaurantes
     5. casas

II.   1. se viste
    2. se perfuma
    3. anda por coche
    4. hace cita
    5. está preparada

III.   1. la cocina
    2. la ventana
    3. la puerta
    4. el coche
    5. el estudio

IV.   1. su dinero
    2. una colaboración
    3. su música
    4. su economía
    5. sus años

V.   1. carreras
    2. canciones
    3. estadísticas
    4. arterias
    5. ciudades

13.   Había una vez una ___I___ llamada Paula que había perdido la vista a los cuarenta años. No pudiendo continuar en su oficio de maestra, se puso a ___II___ a la puerta de la catedral. Una noche escondió en el patio de su casa cerca de un árbol ___III___ de cien pesos. Creyó no ser observada. Sin embargo, un tal Pedro que la conocía la ___IV___ esconder el dinero. A los cuatro días, Paula quiso esconder más dinero y se dirigió al patio. Al levantar la piedra sufrió una sorpresa terrible. Su dinero ___V___ .

la vista—*eyesight* esconder—*to hide* creyó—*she thought* observar—*to watch*

I.   1. casa
    2. ciega
    3. comedia
    4. biblioteca
    5. lengua

II.   1. llorar
    2. comer
    3. declamar
    4. pedir limosna
    5. pedir perdón

III.   1. una gallina
    2. un sombrero
    3. una rama
    4. una piedra
    5. la suma

IV.   1. vió
    2. llamó
    3. robó
    4. espantó
    5. aplaudió

V.   1. se había muerto
    2. le habló
    3. había desaparecido
    4. la reconoció
    5. había aplaudido

14.   Un vestido de algodón es fresco y ligero, porque su tejido deja penetrar bien ___I___ y su peso es mínimo. El algodón es una ___II___ también bastante resistente y repelente a los olores. Se puede demostrar fácilmente. Para ___III___ , use una prenda de vestir de algodón y otra de lana o fibra sintética. El algodón tardará más

que ninguna otra en absorber __IV__ desagradable. Más fresco que las sintéticas, más económico que la seda, más ligero que la lana, el algodón __V__ en la moda veraniega.

olores—*odors*   prenda de vestir—*garment*   lana—*wool*   veraniega—*summer*

I.   1. el frío
     2. el aire
     3. el calor
     4. la lluvia
     5. la nieve

II. 1. bolsa
     2. tijera
     3. plantación
     4. fibra
     5. aguja

III. 1. coser
     2. secar
     3. escribir
     4. cocinar
     4. gritar

IV. 1. la limpieza
     2. un olor
     3. una rascadura
     4. un diseño
     5. un remiendo

V.   1. triunfa
     2. fracasa
     3. se derrite
     4. sufre
     5. cuesta mucho

15. Joaquín Ramírez vive en Sevilla. Acaba de cumplir cuarenta y cinco años, y hace veinte años que no __I__ de su ciudad. La última vez que __II__, estuvo en Barcelona. Joaquín lleva una vida plácida y ordenada. Todo es __III__, uniforme y simétrico en su vivir. Se levanta con el alba. Desde este momento, cada cosa que hace es con el mismo ritmo del día anterior. Joaquín lee mucho. Tiene una gran __IV__. Cuando se cansa de leer, da __V__ por el campo.

se levanta—*he wakes up*   alba—*dawn*

I.   1. sale
     2. acaba
     3. tiene dolor
     4. trata
     5. deja

II. 1. durmió
     2. mintió
     3. viajó
     4. se vistió
     4. pidió

III. 1. ruidoso
     2. tranquilo
     3. sufrimiento
     4. caos
     5. matemáticas

IV. 1. biblioteca
     2. montaña
     3. suciedad
     4. riqueza
     5. familia

V.   1. una limosna
    2. un vuelo
    3. un paseo
    4. una carcajada
    5. da gracias

16.   Cuando __I__ expresamos nuestras ideas, pensamientos y sentimientos de la manera más __II__ posible. Por eso, además de escoger las palabras adecuadas al mensaje que deseamos transmitir, es necesario que las acompañemos con __III__ que delimitan las ideas, señalan las pausas e indican la intención que tuvimos al __IV__ . La mejor manera de asegurar que <u>utilizamos</u> adecuadamente los signos de puntuación es observar cómo los __V__ los escritores en sus textos.

utilizamos—*we use*   tachar—*to cross out*

I.   1. comemos
    2. dormimos
    3. escribimos
    4. caminamos
    5. viajamos

II.   1. fea
    2. estúpida
    3. clara
    4. desagradable
    5. difícil

III.   1. los signos de puntuación
    2. las canciones
    3. las narraciones
    4. las separaciones
    5. los problemas

IV.   1. comer
    2. pasear
    3. mirar
    4. escribir
    5. gritar

V.   1. <u>tachan</u>
    2. utilizan
    3. borran
    4. olvidan
    5. pierden

17.   Una de las cosas que más profundamente han cambiado recientemente es la medicina, o el arte de curar. Nada __I__ al hombre más que el dolor y la muerte. En cierta forma, la civilización no ha sido sino la respuesta del hombre al dolor y la muerte. El __II__ profundo del ser humano ha sido __III__ mucho tiempo, tal vez eternamente y en todo caso <u>sin dolor</u>.

    En los pueblos primitivos la medicina era, naturalmente, __IV__ . El hombre <u>estaba rodeado</u> de un mundo __V__ del cual no se <u>comprendían</u> muchísimas manifestaciones.

sin dolor—*without pain*   estaba rodeado—*was surrounded*
comprender—*to understand*

I. 1. le gusta
    2. ha encantado
    3. preocupa
    4. ha despertado
    5. ha aburrido

II. 1. espanto
    2. deseo
    3. deleite
    4. enojo
    5. disgusto

III. 1. morir
     2. sollozar
     3. divertirse
     4. vivir
     5. llorar

IV. 1. moderna
    2. mágica
    3. avanzada
    4. sanitaria
    5. profunda

V. 1. muy económico
    2. desconocido
    3. tonto
    4. infectado
    5. atareado

18. Asistí durante un otoño a la escuela de la señorita Susana, en la aldea, porque no estaba bien de ___I___ y mi abuelo no me dejó volver a la ciudad. Como era ___II___ y no se veía a nadie en las calles, yo <u>me aburría</u> dentro de la casa y pedí al abuelo asistir a la escuela.

La señorita Susana era alta y <u>gruesa</u>. En la clase había un muchacho ___III___, de ojos azules, hijo de un campesino muy pobre. Todos los muchachos y las muchachas de la escuela ___IV___ y <u>envidiaban</u> un poco a Pepe, por <u>el don</u> que tenía de atraer la atención en todo momento. También la señorita Susana se dejaba ___V___ por Pepe y le <u>confiaba</u> <u>tareas</u> deseadas por todos.

me aburría—I was bored   gruesa—fat   envidiaban—they envied
el don—natural gift, knack   confiaba—to entrust   tareas—tasks, errands

I. 1. estilo
    2. salud
    3. campesino
    4. narrador
    5. viaje

II. 1. alto
    2. el tiempo frío
    3. bajo
    4. grueso
    5. chófer

III. 1. de cuarenta años
     2. revolucionario
     3. delgado
     4. dudoso
     5. viajero

IV. 1. cambiaban
    2. operaban
    3. preparaban
    4. dedicaban
    5. admiraban

V. 1. fascinar
    2. enfurecer
    3. maldecir
    4. corregir
    5. robar

19.   <u>Pruebas</u> realizadas con docenas de niños indican que éstos son __I__ muy selectivos que pueden poner o quitar un programa cuando no les interesa. Se ha descubierto que la mayoría de los niños no __II__ a ver seriamente la televisión hasta que tienen dos o dos años y medio de edad. Cuando son lo suficientemente __III__ para verla, ven lo que les interesa o lo que entiendan. Y cuando no están interesados, sencillamente cambian de __IV__ para buscar otro programa o mejor o hasta __V__ <u>el aparato</u>.

pruebas—*tests* el aparato—*the set*

I.	1. gigantes		IV.	1. posición
	2. actores			2. cuarto
	3. televidentes			3. silla
	4. conductores			4. casa
	5. ingenieros			5. canales
II.	1. se atreven		V.	1. rompen
	2. se levantan			2. apagan
	3. se marchan			3. encienden
	4. terminan			4. venden
	5. comienzan			5. queman
III.	1. altos			
	2. creciditos			
	3. gorditos			
	4. ciegos			
	5. enfermos			

20.   El <u>autobús</u> estaba parado. Desde la ventanilla se veía al chófer con su jersey verde oscuro, de cuello alto, hablando agitadamente con __I__ del café. Dentro del autobús, __II__ se impacientaba. Mujeres, hombres, de rostros <u>espesos</u> y ojos quietos. Eran todos campesinos, con __III__ negros y __IV__ de la <u>camisa</u> <u>abotonado</u>, sin <u>corbata</u>. El sol parecía una __V__ roja y densa en el cielo.

espesos—*dull, dense* abotonado—*buttoned* corbata—*necktie*

I.   1. el mostrador
     2. el dueño
     3. la cafetera
     4. la caja
     5. el bar

II. 1. el calor
     2. la gente
     3. el volante
     4. el asiento
     5. el cenicero

III. 1. motivos
     2. pensamientos
     3. coches
     4. peces
     5. trajes

IV. 1. los pantalones
     2. el cuello
     3. los calcetines
     4. los anteojos
     5. la chaqueta

V.   1. bola
     2. niña
     3. águila
     4. corbata
     5. gata

21. Hacía una semana le habían ofrecido a Mario ser profesor de español en una universidad italiana. Le __I__ el equivalente a ocho mil pesetas. Ahora, a duras penas, ganaba dos mil quinientas y no podía quejarse. Estaba haciendo una carrera brillante. ¡Irse a Italia! a una __II__ viva, alegre, entre gente y cosas que no le recordarían para nada la casa de sus padres. Con sólo poner __III__ y tomar el tren . . . y despedirse de sus padres. Pero, ¿cómo decirles que se iba __IV__ por tres años?; ¿que a lo más podría venir a verlos durante __V__ ?; ¿qué estarían solos nueves meses?

a duras penas—*scarcely*   quejarse—*to complain*

I.   1. gritarían
     2. terminarían
     3. mandarían
     4. pagarían
     5. devolverían

II. 1. tienda
     2. estación
     3. orquesta
     4. ciudad
     4. agencia

III. 1. unas lágrimas
     2. un insulto
     3. un telegrama
     4. un grito
     5. una promesa

IV. 1. lejos
     2. al restaurante
     3. al campo
     4. a la fiesta
     5. al funeral

IV. 1. la revolución
     2. las vacaciones
     3. la paz
     4. el trabajo
     5. el proyecto

22.   Cuando José de San Martín era todavía muchacho, su padre lo mandó a España para que fuera oficial del __I__ del rey. Al invadir Napoleón a España, __II__ contra él todos los españoles; hasta, los viejos, las mujeres y los niños. También peleó contra él San Martín y por su __III__ en la batalla de Bailén, lo hicieron teniente coronel. Luego que supo San Martín que América peleaba para hacerse __IV__ , vino a América. Llegó a Buenos Aires y __V__ un ejército pequeño y disciplinado.

I. 1. palacio
2. museo
3. ejército
4. jardín
5. restaurante

II. 1. aplaudieron
2. nadaron
3. almorzaron
4. lucharon
5. se equivocaron

III. 1. cobardía
2. heroísmo
3. artículo
4. broma
5. engaño

IV. 1. libra
2. libro
3. librería
4. lástima
5. libre

V. 1. organizó
2. se compró
3. vendió
4. pegó
5. repartió

23.   Ella se llamaba María y era muy hermosa. Él se llamaba Alfredo y era valiente, hermoso y supersticioso. Alfredo adoraba a su __I__ y la complacía en todo. María quería a Alfredo también pero ella era caprichosa. Un día Alfredo fue a __II__ a María y la encontró llorando. Le preguntó la causa de su __III__ y ella no contestó. Suspiró con gran dolor y volvió a llorar. Él __IV__ en saber qué le pasaba. María dijo con tristeza: "Hoy fui a la iglesia y rezaba con la cabeza baja. De repente la levanté y me fijé en un __V__ de oro y diamantes. Lo tenía la Virgen en el brazo donde llevaba al Niño.

caprichosa—*whimsical, temperamental*   llorando—*crying*   me fijé—*I noticed*

I. 1. gato
2. perro
3. casa
4. novia
5. iglesia

136

II. 1. gritar
     2. visitar
     3. conocer
     4. enojar
     4. apagar

III. 1. sonrisa
     2. alegría
     3. llanto
     4. enfermedad
     5. culpa

IV. 1. insistió
     2. pensó
     3. entró
     4. consistió
     5. volvió

V.   1. cirio
     2. apetito
     3. brazalete
     4. apellido
     5. billete

24.   La palabra Argentina significa "de plata", y el río __I__ del país lleva el nombre de Río de la Plata. <u>Ambos</u> nombres son errores porque no hay __II__ de plata en la Argentina. Sin embargo, todo esto tiene una interesante __III__ histórica. Cuando los españoles hacen una expedición al interior del país, llegan a la región del Paraguay y ven a muchos indios en los márgenes del río y casi todos llevan puestos __IV__ de plata. Los españoles recolectan gran cantidad de estos artículos y los llevan a España. Estos objetos __V__ de don Pedro de Mendoza, un noble de la corte de Carlos V.

ambos—*both*

I.   1. más grande
     2. lejos
     3. debajo
     4. mojado
     5. a fines

II. 1. árboles
     2. asientos
     3. minas
     4. agua
     5. espada

III. 1. estrella
     2. escena
     3. elegancia
     4. explicación
     5. explosión

IV. 1. cajas
     2. ornamentos
     3. chistes
     4. deudas
     5. jabón

V.   1. disgustan
     2. molestan
     3. dan miedo
     4. enferman
     5. atraen la atención

25.   Su padre quería que fuese médico para seguir la tradición familiar; pero el joven Galileo no aprovechó mucho __I__ de medicina que estaba siguiendo. Alegre, optimista, pronto se había hecho famoso entre sus camaradas por su carácter

__II__ y burlón. A los diecinueve años, durante unas vacaciones que pasaba en Florencia, un amigo de su padre quiso interesarlo en algún problema matemático. Se apasionó tanto por esta __III__ que abandonó el estudio de medicina definitivamente. En pocos años consiguió profundizar sus estudios a tal punto que se le ofreció __IV__ de matemáticas en la Universidad de Pisa. Este modesto puesto le __V__ dedicarse a sus estudios.

burlón—*jester* puesto—*position, job*

I. 1. el líquido
    2. el vaso
    3. los estudios
    4. el calor
    5. gusto

II. 1. bromista
     2. serio
     3. asmático
     4. engañoso
     5. angustioso

III. 1. ciudad
      2. enfermedad
      3. felicidad
      4. joya
      5. ciencia

IV. 1. computadora
     2. un problema
     3. texto
     4. cátedra
     5. números

V. 1. humilló
    2. permitió
    3. alejó de
    4. impidió
    5. amenazó

26. Miguelín, muchacho de diez años que vive con su abuela, se dedica al transporte de leña, del monte al pueblo. Un día sorprende al sacerdote dando su comida al hombre más __I__ del pueblo. Impresionado por la __II__ del cura, Miguelín trata de ayudar a los __III__ del lugar. Para conseguir dinero vende su burro y pone los billetes recibidos en la __IV__ de limosna de la iglesia. El sacerdote busca a Miguelín y le __V__ en el establo, llorando la pérdida de su "amigo fiel", el burro.

leña—*wood* sorprende—*catches (in an act)* sacerdote, cura—*priest* limosna—*alms*

I. 1. rico
    2. alto
    3. corto
    4. pobre
    5. feo

II. 1. tacañería
2. generosidad
3. audacia
4. residencia
5. misa

III. 1. burros
2. policías
3. abuelos
4. necesitados
5. montes

IV. 1. torre
2. caja
3. vela
4. puerta
5. biblia

V.   1. pierde
2. da a comer
3. encuentra
4. riña
5. pusieron

27. Sevilla ha celebrado con extraordinario esplendor su tradicional Feria de Abril, uno de los festejos más importantes que ___I___ en España y declarada fiesta de interés ___II___ . Durante estos días la ciudad ha exhibido todo lo más luminoso y colorista de su ser.

Doscientas cincuenta mil ___III___ de colores iluminaban los paseos por los que ___IV___ coches con muchachas vestidas con el traje típico andaluz.

Durante la feria, Sevilla se ve invadida por multitud de ___V___ de otras regiones de España y del extranjero.

bombillas—*light bulbs*   desfilan—*they parade*   traje—*dress*

I.   1. se ve en la televisión
2. tiene lugar
3. se elimina
4. fracasa
5. no interesa

II. 1. histórico
2. médico
3. clínico
4. espiritual
5. infantil

III. 1. bombillas
2. colores
3. palos
4. aviones
5. aceras

IV. 1. se descomponen
2. desfilan
3. se arreglan
4. se limpian
5. se compran

V.   1. moscas
2. ambulancias
3. enfermeras
4. visitantes
5. médicos

28. Cuando yo era muchacho, oía con frecuencia a los viejos exclamar, hablando del mérito y precio de alguna cosa: "Esto vale tanto como el alacrán de Fray Gómez" y con esto voy a explicar este dicho.

Fray Gómez era un fraile en Lima, en el __I__ de los padres seráficos. Fray Gómez hizo muchos __II__ sin darse cuenta de ello. Ocurrió que un día iba el fraile por un puente cuando vió a un hombre sobre la tierra y mucha gente que __III__ , "¡Está herido! ¡Va a morir!" Fray Gómez se acercó al pobre, le puso el cordón de su hábito sobre la boca y el herido __IV__ tan fresco como si no hubiera nunca recibido golpe. ¡ __V__ ! ¡Viva Fray Gómez!, exclamaron todos.

alacrán—*scorpion*   puente—*bridge*   cordón—*monk's rope belt*

I. 1. parque
    2. equipo
    3. convento
    4. edificio
    5. libro

II. 1. milagros
    2. bailes
    3. chistes
    4. engaños
    5. pasteles

III. 1. nadaba
     2. comía
     3. sonreía
     4. cantaba
     5. gritaba

IV. 1. se murió
    2. se levantó
    3. empezó a llorar
    4. se indignó
    5. estornudó

V. 1. milagro
    2. ojalá
    3. olé
    4. vaya
    5. no me diga

29. Amaba, pues, locamente la señá Frasquita al tío Lucas, y se consideraba la mujer __I__ del mundo al verse adorada por él. No tenían hijos y se habían consagrado a __II__ y mimar el uno al otro. Se adoraban, sí, locamente los dos y se decía que ella le quería más á él a ella no obstante ser él tan feo y ella tan __III__ . Lo digo porque la señá Frasquita solía __IV__ y le pedía cuentas al tío Lucas cuando éste __V__ mucho en regresar de la Ciudad.

mimar—*to spoil, pamper*   pedía cuentas—*demanded explanations*

I. 1. más feliz
    2. más fea
    3. menos amada
    4. más gorda
    5. altísima

II. 1. marcharse
    2. cuidar
    3. reír constantemente
    4. ser serios
    5. tener fiestas

III. 1. ingrata
    2. engañosa
    3. contradictoria
    4. hermosa
    5. antipática

IV. 1. comer mucho
    2. tener celos
    3. visitar a sus amigos
    4. salir a la calle
    5. apagar las luces

V.   1. se dormía
    2. tardaba
    3. no iba
    4. hablaba
    5. cantaba

30. El padre de Martín fue labrador, un hombre <u>oscuro</u> y poco comunicativo, __I__ en una epidemia de <u>viruelas</u>; la madre de Martín tampoco era mujer de carácter; vivió en esa oscuridad psicológica normal entre la gente del campo, y pasó de <u>soltera</u> a casada y de casada a __II__ al morir su marido.

La madre de Martín vivía casi de la <u>misericordia</u> de la familia Chandos. En tales condiciones de pobreza y de miseria parecía lógico que Martín fuera como su padre. Pero el muchacho resultó decidido, <u>temerario</u> y __III__ .

Mientras los niños de su edad aprendían a leer, Martín __IV__ por la ciudad, robando fruta y en poco tiempo gozaba de __V__ digna ya de un ladrón.

oscuro—*gloomy* viruelas—*smallpox* soltera—*single, unmarried*
misericordia—*charity* temerario—*reckless*

I.   1. cómico
    2. profesor
    3. soldado
    4. muerto
    5. mono

II. 1. académica
    2. soprano
    3. oradora
    4. cura
    5. viuda

III. 1. tímido
    2. audaz
    3. soltero
    4. fino
    5. frágil

IV. 1. bebía
    2. reía
    3. conocía
    4. andaba
    5. pagaba

V.   1. jaqueca
    2. mala fama
    3. crema
    4. satisfacción
    5. canción

31.   Ayer pasé frente a la casa donde entonces vivíamos. Hacía años que no __I__
por allí. Ya no existen ni tranvías, ni árboles en las aceras. Pero nuestra casa está
__II__ aún, angosta y vertical como un librito apretado entre los gruesos volúmenes
de los edificios nuevos.

   Cuando vivíamos allí casi todas las casas eran altas y delgadas. La cuadra
estaba siempre alegre con __III__ de los niños, y con los chismes de las sirvientas de
__IV__ prósperos al regresar de sus compras. Pero nuestra casa no era alegre. Lo
digo así, "no era alegre", en vez de __V__ , porque es exactamente lo que quiero
decir.

   tranvía—*trolley*   aceras—*sidewalk*   angosta—*narrow*   apretado—*squeezed*
   la cuadra—*block*   chismes—*gossip*   prósperos—*rich*   compras—*shopping*

I.	1. acababa	IV.	1. los hogares
	2. andaba		2. las minas
	3. adivinaba		3. los pecitos
	4. recordaba		4. los árboles
	5. abría		5. las cuevas
II.	1. derrumbada	V.	1. ausente
	2. alimentada		2. triste
	3. rendida		3. grande
	4. en pie		4. vigorosa
	5. avergonzada		5. mágica
III.	1. las aceras		
	2. los acontecimientos		
	3. la desesperación		
	4. los cigarrillos		
	5. los juegos		

32.   Lo único que no envejece es el mar. Desde los lejanos tiempos prehistóricos
hasta hoy el mar viene mostrando su prodigiosa __I__ . Pudieramos decir que es
siempre el mismo, que su edad permanece __II__ . Un producto del mar, la pesca,
da al hombre más alimentos que la ganadería. Hay centenares de millones de
personas que no consumen carne y que se alimentan de __III__ . La nación que
ocupa el primer __IV__ es el Japón, con cerca de tres millones de toneladas.

   La pesca marítima es una __V__ de alimentación humana en todos los países
costeros.

   envejece—*to get old*   alimentos—*food*   ganadería—*cattle raising*
   costeros—*coastal*   puesto—*place*

I.   1. arena
     2. vitalidad
     3. ansiedad
     4. humedad
     5. bandera

II. 1. generosa
     2. tacaña
     3. razonable
     4. infantil
     5. inalterable

III. 1. pescado
     2. piedras
     3. leña
     4. océanos
     5. cansancio

IV. 1. puesto
     2. pez
     3. mar
     4. metal
     5. censo

V.   1. escuela
     2. cámara
     3. fuente
     4. vez
     5. harina

33. Un día un indio pasaba por un monte cerca de la Ciudad de México. De repente oyó música que parecía venir del cielo. Siguió despacio y pronto encontró a una señora muy bella que lo __I__ dulcemente llamándolo "hijo mío". Ella lo mandó ir al obispo de México y decirle que quería que __II__ una iglesia en aquel mismo lugar. El indio corrió al obispo y le __III__ lo que la señora le había dicho. Pero el obispo __IV__ a creerlo.

A los pocos días, el indio __V__ a pasar por el mismo sitio y la señora apareció de nuevo delante de él.

de repente—*suddenly* cielo—*heaven* despacio—*slowly*
pronto—*soon* dulcemente—*sweetly* iglesia—*church* creer—*to believe* sitio—*place*

I.   1. gritó
     2. riñó
     3. sorprendió
     4. saludó
     5. golpeó

II. 1. limpiaran
     2. compraran
     3. construyeran
     4. se paseara
     5. se callara

III. 1. produjo
     2. tradujo
     3. examinó
     4. cobró
     5. contó

IV. 1. se negó
     2. se elevó
     3. aplaudió
     4. murió
     5. rompió

V.   1. escribió
     2. volvió
     3. envolvió
     4. mintió
     5. supo

34.   Y era verdad. Alicia se iba sin remedio. Cada mañana <u>amanecía</u> más <u>débil</u> y más ___I___ . <u>Parecía</u> que de noche la vida se le escapaba del cuerpo. Ya no podía mover la cabeza. Ya no <u>permitía</u> que le tocasen la cama, ni aun que le arreglasen el <u>almohadón</u>. Perdió luego el ___II___ y al fin murió sin lanzar ni una ___III___ ni un <u>gemido</u> siquiera. Cuando la criada entró a arreglar la cama, ya sola miró un momento el almohadón. Efectivamente, en la ___IV___ del almohadón se veían algunas ___V___ oscuras, que parecían de sangre.

> amanecía—*to appear at daybreak*   débil—*weak*   parecía—*it seemed*
> permitía—*allowed*   almohadón—*pillow*   gemido—*groan*   queja—*complaint*
> funda—*pillow-case*   enagua—*petticoat*   pestañas—*eye-lashes*

I.	1. fuerte	IV.	1. broma
	2. viva		2. <u>funda</u>
	3. alegre		3. <u>enagua</u>
	4. insolente		4. tapa
	5. pálida		5. espuela
II.	1. anillo	V.	1. manchas
	2. coche		2. lámparas
	3. tren		3. palmas
	4. conocimiento		4. uñas
	5. la ocasión		5. <u>pestañas</u>
III.	1. flecha		
	2. moneda		
	3. sandalia		
	4. perla		
	5. <u>queja</u>		

35.   El hombre es libre y por ello puede <u>elegir</u> entre varias opciones. Todos los días tenemos que ___I___ algo: si queremos el café con azúcar o sin azúcar en el ___II___ ; si el domingo nos vamos a poner la camisa blanca o la azul; si nos vamos a ir en autobús a la escuela o ___III___ , si en la tarde vamos a jugar con los amigos o vamos a estudiar . . . Nos pasamos ___IV___ decidiendo, y aunque muchas de nuestras ___V___ son más o menos insignificantes, otras, en cambios, son de mucha importancia.

> elegir—*to choose*   nos pasamos—*we spend (the time)*

I.	1. perder
	2. temer
	3. decidir
	4. olvidarnos
	5. comernos

II. 1. piano
2. baño
3. perro
4. desayuno
5. sobre

III. 1. volando
2. caminando
3. nadando
4. huyendo
5. sirviendo

IV. 1. la casa a
2. la vida
3. la estación
4. el techo
5. la enfermedad

V. 1. canciones
2. decisiones
3. blusas
4. ilusiones
5. invenciones

36. El poema de El Cid es una gran obra literaria de la lengua española. Este poema fue escrito en el <u>siglo</u> doce o trece. En él se cuentan los __I__ de Rodrigo Díaz de Vivar, a quien los españoles consideran como uno de sus héroes importantes. En aquellos tiempos España estaba dividida en pequeños reinos y El Cid servía a Alfonso Sexto, rey de Castilla. Los enemigos de El Cid <u>aconsejaron</u> al rey que __II__ a El Cid por ser <u>desleal</u>.

Muchos amigos lo acompañaron. Como no tenía __III__ para pagar a los que lo seguían, pidió a dos comerciantes que le __IV__ mil pesos. Cuando El Cid se hizo __V__ en las guerras con los <u>moros</u> pagó a los comerciantes.

siglo—*century* hechos—*adventures, deeds* aconsejar—*to advise*
desterrar—*to exile* desleal—*disloyal* vajilla—*dinner ware* prestar—*to loan*
moros—*Moorish*

I. 1. días
2. caballos
3. cuadernos
4. <u>hechos</u>
5. <u>enemigos</u>

II. 1. <u>desterrara</u>
2. bañaran
3. visitasen
4. recompensaran
5. respetaran

III. 1. <u>vajilla</u>
2. <u>arena</u>
3. dinero
4. uniformes
5. comida

IV. 1. <u>prestaran</u>
2. <u>echaran</u>
3. cobraran
4. inventaran
5. sirvieran

V. 1. pobre
2. imposible
3. rico
4. atlético
5. asistente

37.   ¿Sabe Ud. el nombre del primer hombre que logró <u>volar</u> en un avión? Fue Alberto Santos-Dumont, del Brasil, quien murió en 1932. No se le conocía bien en los Estados Unidos, pero en Europa era ____I____ y conocido como distinguido ingeniero aeronáutico. Su ___II___ por la aviación comenzó a la edad de diez años cuando vio subir un <u>globo aerostático</u>. Siete años después, ___III___ por sus padres a París a continuar su educación. Allí aprendió a construir globos aerostáticos y estudió la construción de ___IV___ para automóviles.

Después de muchos años y con su séptimo aeroplano, Santos-Dumont voló alrededor de la célebre Torre de Eiffel en París, recibiendo por este ___V___ el premio Deutsch. Esto <u>sucedió</u> antes de que los hermanos Wright hicieran su primer vuelo.

volar—*to fly*   globo aerostático—*balloon*   sucedió—*it happened*

I.   1. célebre
     2. odiado
     3. tímido
     4. alegre
     5. alto

II. 1. aversión
     2. temor
     3. fama
     4. interés
     5. vuelo

III. 1. fue engañado
     2. fue escondido
     3. fue perseguido
     4. fue enviado
     5. fue pagado

IV. 1. motores
     2. edificios
     3. garajes
     4. humo
     5. gasolina

V.   1. accidente
     2. vuelo
     3. aviador
     4. estudio
     5. dolor

38.   Un teatro de Madrid contrató para la <u>temporada</u> de ópera a tres <u>can</u>tantes famosas. El <u>empresario</u> del teatro hizo sus ___I___ y señaló el cuarto que en el teatro había de ofrecerse a cada una de las tres cantantes. Llegaron éstas a Madrid, y para sorpresa del empresario, ___II___ las tres separadamente y le dijeron que no cantarían a no ser que les ___III___ el cuarto número uno, el cual, ___IV___ era considerado entre las cantantes una distinción. Perplejo el empresario, y ___V___ de la catástrofe que le iba a pasar, le puso número uno a los tres cuartos de las tres cantantes.

temporada—*season*   cantantes—*singers*   empresario—*manager*
arreglos—*arrangements*   careciendo—*lacking*

I.   1. bailes
      2. canciones
      3. cuentas
      4. derechos
      5. arreglos

II.   1. echaron a reír
      2. se le acercaron
      3. se arrepintieron
      4. se castigaron
      5. se mataron

III. 1. arrendaran
      2. vendieran
      3. pintaran
      4. dieran
      5. contaran

IV.   1. entretanto
      2. de vez en cuando
      3. por lo visto
      4. otra vez
      5. pasado mañana

V.   1. dándose cuenta
      2. sirviéndose
      3. alegrándose
      4. careciendo
      5. acabando

39.   Yo creo que cuando nací ya estaba en casa el Ford color verde aceituna. Por las tardes, en medio del patio, el chófer lo lavaba con una ___I___ y una gamuza de esas que cuando se mojan brillan y están suaves, y cuando están secas se ponen ___II___ como un cartón. La abuela también ayudaba a lavarlo, porque quería que tuviese mucho ___III___ . Y cuando ya estaba limpio, quedaba en el centro del patio brillante como un jaspe dándole el sol en el parabrisas con muchos ___IV___ .
      Estaba el Ford ___V___ de cuero negro con botoncitos redondos.

aceituna—*olive* gamuza—*chamois cloth* se mojan—*get wet*
brillar—*to shine* parabrisas—*windshield* jaspe—*jasper* puños—*fists*
rociado—*sprayed* tapizado—*upholstered*

I.   1. piedra
      2. flor
      3. arena
      4. esponja
      5. mapa

II.   1. viejas
      2. suaves
      3. duras
      4. mojadas
      5. elásticas

III. 1. brillo
      2. lodo
      3. pelo
      4. aceite
      5. perfume

IV.   1. golpes
      2. reflejos
      3. aguaceros
      4. puño
      5. comentarios

V.   1. rociado
      2. tapizado
      3. bañado
      4. perfumado
      5. pintado

40.   Es común, cuando se está en una reunión familiar, tocar el tema de las cosas
extrañas. Hechos que escapan a toda explicación ___I___ , científica y humana. Son
los acontecimientos que quedan ___II___ en nuestra mente por muy pequeños que
sean, porque entran en el mundo de lo desconocido. Y todo el mundo lo ha vivido.

Un industrial contaba que una noche tuvo ___III___ su madre, quien vivía en un
país europeo. Ella le decía que quería verlo y lo llamaba y llamaba en una forma tan
___IV___ que, al despertar, el industrial y su familia tomaron el avión. A los tres días,
la casa del industrial quedó totalmente ___V___ por un terremoto.

acontecimientos—*events*   grabados—*imprinted*
desconocido—*unknown*   terremoto—*earthquake*

I.	1. gramática		IV.	1. angustiada
	2. mentirosa			2. alegre
	3. lógica			3. insultosa
	4. geográfica			4. mona
	5. falsa			5. ridícula
II.	1. aburridas		V.	1. pintada
	2. muertas			2. construida
	3. caminando			3. destruida
	4. soñando			4. invadida
	5. grabados			5. mordida
III.	1. un sueño con			
	2. una lucha con			
	3. una comida con			
	4. suerte con			
	5. cuidado con			

41.   Cincuenta años, la edad de la crisis, una crisis inevitable. El hombre mira
hacia atrás y ___I___ que cincuenta años es como decir medio siglo, algo sencillamente obvio para los demás pero ___II___ para él. Se podría decir que el
hombre advierte de pronto el peso de su fatiga de vivir. El esfuerzo físico por mínimo
que sea le ___III___ . La complicación psicológica, lo imprevisto, la novedad lo
___IV___ . Se hace irascible, reacciona a veces con extrema violencia, cuando no tiene
___V___ verdadera para hacerlo o se encierra en un resignado desconsuelo.

mirar hacia atrás—*to look back*   aterrador—*frightening*   advertir—*to notice*
fatiga—*tiredness*   irascible—*cranky*   desconsuelo—*unhappiness*

I.   1. se da cuenta de
     2. tropieza
     3. se alegra
     4. es orgulloso
     5. festeja

148

II.　1. lujoso
　　2. tranquilizante
　　3. mantenido
　　4. <u>aterrador</u>
　　5. razonable

III.　1. anima
　　2. hace morir
　　3. cansa
　　4. controla
　　5. disminuye

IV.　1. asustan
　　2. envían al manicomio
　　3. castigan
　　4. equilibran
　　5. alegran

V.　1. dinero
　　2. mujer
　　3. instrucción
　　4. ninguna razón
　　5. medicina

42.　Funciona en Sevilla el primer Parque Infantil de Tráfico de España. En él, los niños aprenden, en lecciones prácticas, el <u>Código</u> de la ___I___ . Cuenta con ocho "carts" de motor, ocho cochecitos movidos por pedales y ocho bicicletas. De este modo, y mediante ___II___ , que es siempre la mejor <u>pedagogía</u> para el niño, éste aprende a ___III___ el Código y sobre todo se forma para el día de mañana circular por las grandes ciudades, que de aquí en unos años van a ser verdaderos laberintos de ___IV___ . El Parque está abierto a todos los niños de siete a catorce años. Desde la calle, y a través de la <u>alambrada</u> que ___V___ el parque, un público de curiosos sigue las evoluciones de los <u>pequeños</u>.

código—*guidelines, law*　pedagogía—*pedagogy, education*
alambrada—*fence*　pequeños—*children*

I.　1. vida
　　2. cocina
　　3. medicina
　　4. circulación
　　5. justicia

II.　1. el espanto
　　2. la calle
　　3. el juego
　　4. la ausencia
　　5. el llanto

III.　1. evitar
　　2. leer
　　3. enseñar
　　4. reformar
　　5. respetar

IV.　1. tráfico
　　2. redes
　　3. inferiores
　　4. niños
　　5. parques

V.　1. arruina
　　2. encierra
　　3. preoccupa
　　4. aumenta
　　5. abre

43.   El día veinte de julio de 1969, a las 10:56 de la noche dos ___I___ llegaron por primera vez a la luna. Seis horas antes los dos astronautas habían conseguido posarse en la superficie de nuestro satélite, a bordo del módulo ___II___ que fue lanzado desde Cabo Kennedy por medio de ___III___ "Saturno".

El alunizaje se hizo en el mar de la Tranquilidad sobre una pequeña ___IV___ cubierta de rocas. El astronauta Neil Armstrong empezó a bajar lentamente la ___V___ del vehículo lunar mientras quinientos millones de personas en todo el mundo contemplaban esta conquista increíble.

la luna—*moon*   liga de goma—*rubber band*   una patada—*a kick*
cohete—*rocket*   unas alas—*wings*   un soplo—*breath*
alunizaje—*lunar landing*   llanura—*plain*   bajar—*to lower*
quinientos—*five hundred*

I.   1. elefantes
2. monos
3. seres humanos
4. enemigos
5. ejércitos

II.   1. solar
2. químico
3. lunar
4. emocional
5. espiritual

III.   1. una liga de goma
2. una patada
3. un cohete
4. unas alas
5. un soplo

IV.   1. llanura
2. estampilla
3. moneda
4. plataforma
5. entrada

V.   1. televisión
2. radio
3. voz
4. estatura
5. escalerilla

44.   El idioma ___I___ "es fundamental para nosotros, porque 192 ___II___ de hispanoparlantes nos son afines histórica y culturalmente, porque en los próximos años nuestras relaciones con los ___III___ de América tienen que desarrollarse y porque es inminente la entrada de España en el Mercado Común Europeo". Esto ___IV___ en "Le Soir", el periódico de mayor tirada de Bélgica, el profesor Rodolphe Stembert, presidente de la sociedad belga de ___V___ de español.

nos son afines—*are similar to us*
Mercado Común Europeo—*European Common Market*   tirada—*edition*
belga—*Belgian*

I.   1. español
     2. ruso
     3. japonés
     4. chino
     5. coreano

II. 1. camiones
     2. familias
     3. millones
     4. amigos
     5. primos

III. 1. ríos
     2. enemigos
     3. mares
     4. países
     5. campesinos

IV. 1. niega
     2. borra
     3. escribe
     4. canta
     5. cocina

V.   1. cocineros
     2. criadores
     3. costureras
     4. limpiadores
     5. profesores

45. El escritor colombiano Gabriel García Márquez imaginó un pueblo situado en nuestro continente, al que llamó Macondo. En ese __I__ , las innovaciones provocaban muchas sorpresas: frente al hielo, la fotografía, el telescopio o el telégrafo, los habitantes se quedaban __II__ . Uno de los adelantos __III__ que más impresionó a la población fue el ferrocarril. García Márquez lo describe así:

". . . una mujer que lavaba ropa en el río a la hora de más __IV__ atravesó la __V__ central lanzando alaridos en un alarmante estado de conmoción.

Ahí viene—alcanzó a explicar—un asunto espantoso como una cocina arrastrando un pueblo."

situado—*located*   provocar—*to cause*   hielo—*ice*
alaridos—*howls, screams*   asunto espantoso—*horrible thing*   arrastrar—*to pull, to drag*

I.   1. niño
     2. hombre
     3. pueblo
     4. río
     5. planeta

II. 1. maravillados
     2. dormidos
     3. cansados
     4. hambrientos
     5. deprimidos

III. 1. de cocina
     2. de belleza
     3. poéticos
     4. técnicos
     5. femeninos

IV. 1. sabor
     2. evasión
     3. calor
     4. noche
     5. madrugada

V.   1. calle
     2. cama
     3. sala
     4. función
     5. bolsa

46.   Juan Ramón Jiménez. Poeta español nacido en 1881. A los quince __I__ escribe sus primeras poesías, y a los diecinueve publica sus primeros __II__ . Estuvo a cargo de algunas de las revistas que más influyeron en los jóvenes escritores de su época. Recibió el Premio __III__ de Literatura en 1956. Murió en 1958. Platero y yo—en donde la __IV__ y la pena son gemelas, como él nos dice—es su libro más conocido; es la obra que revela al __V__ como prosista inigualable. Algunos títulos de sus libros de poesías son: Belleza, Diario de poeta y mar, Eternidades, Piedra y cielo.

estar a cargo—to be in charge *revistas—magazines* *influir—to influence* *prosista—prose writer* *inigualable—unrivaled*

I.   1. días
     2. dólares
     3. años
     4. millones
     5. pasos

II. 1. árboles
     2. libros
     3. hermanos
     4. cuadros
     5. problemas

III. 1. Nóbel
     2. San Juan
     3. Musical
     4. Histórico
     5. español

IV. 1. maldad
     2. fealdad
     3. ausencia
     4. alegría
     5. muerte

V.   1. cocinero
     2. campesino
     3. asesino
     4. chofer
     5. autor

47.   El lenguaje poético es distinto al que empleamos todos los días al hablar y al escribir. El __I__ busca las sutiles diferencias que hay entre las palabras; siente su peso, su color, su transparencia, y elige las más __II__ , las que expresan mejor sus ideas y sus sentimientos . . . es un __III__ del lenguaje: mediante él crea obras de arte—la poesía—y se comunica con __IV__ .

Ahora bien, este lenguaje poético puede manifestarse tanto en verso como en prosa. Un novelista o un escritor de cuentos cortos puede ser tan poeta como un escritor de versos, con tal que sea un __V__ artista del lenguaje.

distinto al—different from *sutiles—subtle* *elegir—to choose* *ahora bien—now, now then*

I.   1. médico
    2. ingeniero
    3. poeta
    4. ladrón
    5. enfermo

II.   1. bellas
    2. malas
    3. despreciables
    4. chistosas
    5. horribles

III.   1. destructor
    2. artista
    3. asesino
    4. dueño
    5. hijo

IV.   1. los marcianos
    2. las estudiantes
    3. los vendedores
    4. nosotros
    5. su familia

V.   1. mal
    2. falso
    3. verdadero
    4. caro
    5. barato

48.   Entre las primeras cosas mexicanas que conocieron los españoles a su llegada al Nuevo Mundo ___I___ la moneda. Teniendo aquel país tan enorme riqueza en ___II___ preciosos, no era metálica, sino vegetal. Era ___III___ de cacao, planta ___IV___ para los colonizadores españoles, que la vieron por primera vez el año 1516 en el imperio azteca. Los indígenas empleaban sus semillas como ___V___ .

su llegada—*their arrival*   moneda—*currency*
enorme riqueza—*great richness*   tejas—*roof tiles*   granos de cacao—*cacao beans*
colonizadores—*settlers*   indígenas—*natives*

I.   1. escogieron
    2. rehusaron
    3. llamó su atención
    4. le saludó
    5. se perdió

II.   1. plumas
    2. metales
    3. tejas
    4. economías
    5. indios

III.   1. el oro
    2. la plata
    3. la taza
    4. el cuadro
    5. el grano

IV.   1. española
    2. francesa
    3. desconocida
    4. fraudalenta
    5. postiza

V.   1. dinero
    2. música
    3. adorno
    4. juguete
    5. entretenimiento

49.   El diagnóstico prenatal sobre el feto en el <u>vientre</u> materno permite __I__ con seguridad si el niño tendrá o no determinados __II__ genéticos. El problema está en saber si con este diagnóstico se corre __III__ de <u>hacer daño</u> al niño, si se le puede estropear su desarrollo.

  Los científicos habían estudiado los resultados de la observación practicada en 255 <u>recién nacidos</u> de cuya bolsa amniótica se extrajo líquido durante el __IV__ de la madre. Como resultado de <u>la prueba</u>, no se observó que ésta causara __V__ .

vientre—*belly, womb*   hacer daño—*to cause damage*   estropear—*to damage*
recién nacidos—*newborns*   embarazo—*pregnancy*   la prueba—*the test*

I. 1. peligro
    2. televisar
    3. recetar
    4. predecir
    5. extraer

II. 1. calendarios
    2. misterios
    3. defectos
    4. líquidos
    5. estudios

III. 1. peligro
     2. el motor
     3. un velo
     4. rápidamente
     5. lentamente

IV. 1. embarazo
    2. cumpleaños
    3. aniversario
    4. baile
    5. conflicto

V. 1. cuadro
    2. ningún daño
    3. diagnóstico
    4. tamaño
    5. cromosoma

50.   La mayoría de los astrónomos están convencidos de que no somos los __I__ en este <u>vasto</u> universo y de que hay vida __II__ en planetas que __III__ <u>en torno</u> de millones de millones de estrellas o <u>soles</u> en el <u>cosmo</u>. Los procesos más importantes en la __IV__ de la vida en la Tierra son <u>resultados comunes</u> de las leyes de la química. Puede <u>haber ocurrido</u> en __V__ del universo. Se calcula que sólo en la Vía Láctea hay tal vez 100,000 millones de planetas en los cuales la vida es posible.

únicos—*only*   vasto—*great*   girar—*to turn*   en torno—*around*
soles—*suns*   cosmo—*universe, world*   resultados comunes—*common results*
haber ocurrido—*have happened*

I. 1. hermosos
    2. vivos
    3. muertos
    4. <u>únicos</u>
    5. átomos

II.   1. inteligente
      2. norteamericana
      3. lustrosa
      4. imaginaria
      5. tranquila

III. 1. giran
      2. envían
      3. murmuran
      4. susurran
      5. discuten

IV.   1. digestión
      2. formación
      3. transmisión
      4. sinfonía
      5. oportunidad

V.   1. otros lugares
      2. ninguna parte
      3. señales
      4. desastres
      5. las transmisiones

PART IV

Writing Tasks
Description
Suasion
Inquiry

Directions: The following exercises include a total of 75 writing topics equally divided among three different types: description, suasion, and inquiry. The English instructions for each topic contain two parts: 1) a brief description of the situation, form, and purpose for writing, and 2) a list of suggested subtopics intended as ideas for your composition.

Your purpose for writing should in most cases be made clear to the reader in the first or second sentence of your Spanish composition. You may use the suggested subtopics to help your organize your writing, or you may substitute your own ideas so long as they fit the assigned form (a letter, report, speech, etc.) and purpose for writing (to tell about a trip, to persuade someone to buy something, to ask for information from a college, etc.).

Except for topics which have an assigned length, your composition should generally contain approximately the same number of elements as are included in the suggested subtopics. A sentence may contain more than one element.

Examples:

One element: I'm going to Spain with my family.
Me voy a España con mi familia.

Two elements: I'm going to Spain to improve my Spanish.
Me voy a España para mejorar mi español.

In all cases, each element you decide to include should contribute to the specific purpose of the assigned topic.

A suggestion before you begin: So far as possible, write your outline notes and first draft for each composition entirely in Spanish. This will help you to avoid awkward constructions or unclear meanings in sentences which are difficult to translate from English to Spanish.

PART IV

Writing Tasks
Description
Vocabulary

DESCRIPTION

1. Write a letter to your foreign friend describing the trip you took to California this summer.

   Suggested subtopics: Means of transportation; who accompanied you; at which hotels you stayed; what you saw of interest; comparison with N.Y.; someone interesting you met; when you returned; how you enjoyed it.

   to accompany—acompañar
   to stay—parar, vivir
   to enjoy oneself—divertirse

2. You have just settled into your dormitory room with your room mate. Write a letter to your family in which you give a description of the person.

   Suggested subtopics: The name of the room mate; describe his/her height and looks; describe his/her personality; the person is or is not studious; has or has not an active social life; how the two of you get along; you will come or not come home with him/her so as to introduce (or not) him/her to the family.

   studious—aplicado (adj.)
   to get along with—llevarse bien
   to introduce—presentar

3. Your club has taken a trip to the "Puerta de España", a well known Spanish restaurant. Describe the meal using at least two of the

   Suggested subtopics: The reason for the trip; location of restaurant; decor and size; some meals ordered; what you ordered and how is tastes; dessert ordered; beverages available; cost of meal; how you like Spanish food.

   decor—decoración
   to decorate—decorar
   the rice—el arroz
   the chicken—el pollo
   the custard—el flan
   dessert—postre
   to order—pedir
   to like—gustar

4. Describe the picture below answering the suggested topics below.

Suggested sub-topics: What time do you think it is? Who is seated on the sofa? Where is the television set? What is the mother doing while she is listening to television? Describe the furniture. What is the father doing? How many children are watching television?

to be seated—estar sentado
the furniture—los muebles
to light (put on a light)—encender

Claudio Edinger   Kay Reese Associates

5. Your family has had to move to Arizona. Write a letter to a school chum and describe your new house and surroundings.

to move—cambiar de residencia
fewer—menos
land—tierra, terreno
to shop—ir de compras

Suggested Subtopics: Why you had to move; location of your new home (city, state, suburb of city); describe the home (mention the rooms); how the temperature differs from your Eastern location; some outstanding differences in your new environment from your old one; ease of shopping; distance of school; new friends you have met.

6. On your birthday you received a dog as a gift. It was a very delightful surprise.

to care—cuidar
to amuse—entretener
the trait—el rasgo
unpleasant—desagradable
glad—contento

Suggested subtopics: Why you received it; color of dog and breed; size; his name; how you plan to care for it; how he amuses you; one of its unpleasant traits; how glad you are to have it.

7. What are the two people in the photo below thinking? Choose *one* of the people. Write what he or she is thinking. (Open-end)

the boyfriend—el novio
to love—amar

Central Park, N.Y., EE.UU.   Rhoda Galyn

8. You have been very successful in school because you have developed good study habits. You want to share them with your fellow students. Describe them.

    Suggested subtopics: Why you developed these good study methods; the results you've had with them; the one factor that the student must always keep in mind; the sacrifices the discipline contain; the rewards that the rules promise.

to develop—desarrollar
method—método
the sacrifice—el sacrificio
the discipline—la disciplina
the reward—recompensa
to promise—prometer

9. It is the morning after arriving in a foreign country. You open your window and before you is a world renowned monument. Describe your emotions and the monument.

    Suggested subtopics: Where you are; when you arrived; the monument which greeted you upon opening the window; your emotion at that moment; describe the monument; what it contains; when you will see it; what emotions you think you will feel as you actually visit it.

to open—abrir
the emotion—la emoción
the monument—el monumento

Chichén-itzá, México   Jane Latta

10. Call your parents by phone telling them about a person they know of whom you have read about in the newspaper in your college town.

Suggested subtopics: Give the person's name; his/her occupation; why he/she was mentioned in newspaper; describe how he/she looked in the photograph; should he/she phone the person; do they have a message for the person; he/she will send his/her parents the article.

a message—un mensaje
to phone—llamar por teléfono

11. On a recent trip to Watkins Glenn you saw and spoke to Paul Newman. Write a report of the incident for your school newspaper.

Suggested subtopics: Why you went to Watkins Glenn; where you met him; how long you spoke to him; what impression he made on you; how handsome he really is or isn't; his racing car; his promise to speak at your school about car racing; he gave you an autographed picture.

handsome—bien parecido; guapo
racing car—coche de carreras
to race—competir
a racer—un corredor
race driver—piloto de carrera; el conductor
to autograph—autografiar
picture—la foto

12. You were driving home and witnessed an accident. Write a report for your local community newspaper.

Suggested subtopics: Where you were going; the road on which the accident occurred; the nature of the event; who called the police; if an ambulance was necessary; how many people were involved; how it ended.

the police (force)—la policía
the policeman—el policía
the ambulance—la ambulancia
involved—implicar

13. You have been to a lecture about the Cambodian refugee situation. You have been moved by the speech and the films you saw and you want to report to your school at an assembly, so you can start a drive for clothing and food.

to move (emotionally)—emocionar
to inquire—pedir informes

Suggested subtopics: Tell your audience date of film and lecture; describe what you saw; how it moved you; what you would want the audience to do; where they can send money and food.

14. A friend or relative has just married. Write about the wedding to your friend who lives in Virginia.

    a wedding—una boda
    to attend—asistir a
    to play (music)—tocar
    to play (game)—jugar

    Suggested subtopics: Where it took place; how many people attended; with whom you sat; what was served; the music and games played; an unusual novelty at the wedding; when it ended; where you went after the wedding.

15: Describe the scene below capturing its physical qualities as well as its mood. Write a paragraph of at least ten lines.

    the mast—el mástil
    the anchor—el ancla (fem.)
    to anchor—anclar
    to drop anchor—echar anclas
    glass—vidrio
    to reflect—reflejar
    the harbor—el puerto

Baltimore, Maryland, EE.UU.   Jane Latta

16. You are about to go on vacation and you are telling your fellow office workers about it.

Suggested subtopics: When your vacation begins and ends; with whom you are going; where you are going; how you will spend your daytime; how you will spend your evenings; why are you going to this particular place; how you will return to the city; cost of stay; you hope it will be as enjoyable as the brochure promises.

to go on vacation—ir de vacaciones
to return—regresar
the brochure—el folleto
as enjoyable as—tan agradable como

17. You are a teen-age social advisor. You have received a letter in which a teenager asks some advice on his/her lack of popularity among her peers. Answer him/her via your article in the school newspaper.

Suggested subtopics: Acknowledge receipt of letter; assure her/him that the problem is not hers/his alone; tell her/him most teenagers are too self-conscious; tell her/him to be herself/himself; tell her/him to discuss it with his/her friends; tell her/him that she/he will get more self-confidence as she/he matures; tell him/her to above all think positive.

to assure—asegurar
to be self-conscious—tener excesiva conciencia de sí mismo
self-confidence—confianza
to mature—madurar
positive—positivo
negative—negativo

18. You have just begun a correspondence with a pen pal in Spain. In your first letter your introduce and describe yourself.

Suggested subtopics: Your name; age; your birthday; height; the high school you go to; grade; your favorite subjects; your major; requests that he/she writes something about herself/himself.

height—altura
school subjects—las asignaturas
major—especialidad
to major in—especializarse en

19. For years you angrily took your piano lessons. In the senior play the director called for an accomplished pianist to play the lead. You won and suddenly realized the advantages of knowing how to play an instrument.

play—drama
senior—alumno del último año
the lead—primer galán; papel principal

Suggested subtopics: What musical instruments you play; how long you studied; your teacher's name; your feelings during the lessons; the type of music you play; your feelings about your lessons upon being chosen as lead in the play; advice to other music students.

to advise—aconsejar
the advice—el consejo

20. You belong to a club in your school. Write a short description of its activities for your school newspaper.

    Suggested subtopics: Name of club; purpose of club; when and where meetings are held; number of members; activities of club during the year; advisor and president of club; qualifications to belong to club; dues (if any).

a club—un club, un círculo
a meeting—una reunión
a member—un socio
an advisor—un consejero
a qualification—un requisito
membership dues—cuota

21. You have come home from your first year at college and you have decided to have a reunion party with some of your old high school friends. Write a letter to each in which you give them the needed information.

    Suggested subtopics: Purpose of party; where & when it will be held; time of party; the best way to get there; who the other guests will be; what games and entertainment you have planned; what you plan to serve; the fun you had at the last party you had with them; request a reply.

a party—una fiesta
a guest—un huésped
a game—un juego
entertainment—entretenimiento

22. It is Saturday and you have returned home with one of your parents after spending the day looking for your prom outfit. Describe your impression of the day.

    Suggested subtopics: The weather when you awakened; why you wanted your parent with you; what you hoped to buy; some of the things you saw and where; what you finally bought;

to awaken—despertarse
to lunch—almorzar

and why; where and at what time you stopped for lunch; what you ordered; how both of you felt when you returned home; your general comment on whether it was a fruitful shopping trip.

23. You received a call from the Lottery office announcing to you that you have won twenty-five thousand dollars. Describe your reaction to the good news.

    Suggested subtopics: Answer ring of phone; repeat what has been announced to you; describe your immediate reaction; describe your family's reaction; what you plan to do with prize-money; what advice your parents give you on your plans; what feelings the money gives you about your future.

    the lottery—la lotería
    a prize—un premio
    the feeling—la emoción; el sentimiento

24. You have received a letter from a friend from Mexico who tells you that she is coming to the United States to study in a large university, and will see you when she arrives. Express your reaction to the news.

    Suggested subtopics: Who wrote to you; from which country; why she wrote; why you are so happy; how long ago you met her; describe your friend; where you met her; some of her talents; how you will entertain her during her visit; you are happy she remembered you.

    talent—el talento

25. Describe how your father spends his time after work hours.

    Suggested subtopics: At what time he arrives; who meets him at the station; what he does before dinner; at what time dinner is served; how he helps after dinner; how he relaxes after dinner; at what time he goes to bed; what you think of his life.

    to relax—relajarse
    to go to bed—acostarse
    a dinner—una cena, una comida

PART IV

Writing Tasks
Suasion

PART IV

Writing Tasks
Suasion
Vocabulary

SUASION

1. Your State Legislator plans to change the driving age to twenty-one. Write a letter to your representative in which you try to persuade him to vote against the proposal.

   Suggested subtopics: Where you got the information; why you are writing; how the idea would hurt you; how it might hurt the family; you understand why they have considered such a proposal; how you would deal with the trouble-makers; you register the wish that he will vote against it.

   to drive—conducir
   a proposal—una propuesta
   to register (the wish that)—indicar
   to vote—votar

2. You are a senior and decide you need a car so that you can get a job. At the dinner table try to convince your parents to buy one.

   Suggested subtopics: The job you can get and where it is; how you will help pay expenses; it need not be a new car; your promise not to over-use the car; you know a friend whose father is selling his car; you will take your parents to help you examine the car; how this purchase will free both parents and senior from dependence on on car.

   a job—trabajo
   an expense—un gasto
   dependence—dependencia
   a purchase—una compra

3. With school about the close and jobs very scarce, visit your local state assemblyman and request that an attempt be made to create jobs for the seniors of the local High Schools.

   the county—el condado
   to set aside—apartar; poner aparte

168

Suggested subtopics: College students get available jobs because their colleges close earlier than High School; certain county jobs should be set aside for High School students; examples of county jobs, hospitals, parks, beaches, toll collectors etc; funds from state, local and federal governments could finance the positions; occupation preference to unemployment especially among teens.

toll collector—cobrador de portazgo
funds—fondos
to finance—proveer los fondos para
unemployment—desempleo
teenager—joven de trece a diecinueve años

4. Make an appointment with your principal in order that you and a committee of students may discuss your proposed change of some school rules.

   Suggested subtopics: Why you have come to see the principal; those rules which are not effective; why students do not profit from them; what you propose to substitute; how and why you feel your rules would be more effective; you hope you will hear what his decision will be.

principal—director
effective—eficaz
to profit—sacar provecho
to substitute—reemplazar
a decision—una resolución, una decisión

5. Write a letter to your friend in Spain asking him/her to spend the summer with you.

   Suggested subtopics: When your vacations begin; how you plan to entertain him/her; parties planned; trips planned; theatre tickets purchased; your parents hope he/she can come; best time to arrive; you will meet him/her at the airport; you expect a response from him/her soon with good news.

theater ticket—billete; boleto
the airport—el aeropuerto
to expect—esperar
a response—una respuesta
news—noticias

6. You have been working in a department store for about a year and have noticed that certain procedures need to be changed and others introduced to improve income of the specific department. Write a letter to your supervisor and after explaining your observations, make constructive suggestions for improvements.

department store—almacén
procedure—procedimientos
to change—cambiar
to improve—mejorar

Suggested subtopics: Introduce yourself; state how long you have been working in the department; just what your position is; what you have noticed about merchandise or displays; make your suggestions for improvement; request a personal interview to further expand on your ideas.

merchandise—
  mercancía
to display—exhibir
a display—exhibición
to suggest—sugerir
a suggestion—una
  sugestión
an interview—una
  entrevista

7. Write a report of an opera and a play which you have seen. The report is for your community paper and the intent is to interest the community to attend its local opera house or theatre. The paragraph must have 10 complete sentences. (Open-ended composition)

opera—ópera
opera house—teatro de
  la ópera

8. As a student of a foreign language you have experienced the advantages of knowing another language. Meet with a member of your school board and explain why you feel that foreign languages should be a required subject every year in High School.

multilingual—
  multilingüe
bilingual—bilingüe
understanding—
  comprensión
trade—ramo industrial

Suggested subtopics: Modern multilingual world; bilingual business persons; a need for knowledge of the cultural life of a foreign nation for better understanding; local and community use of language; a language is a companion of any profession or trade; as a grammatical discipline it helps us understand our own language.

9. You believe strongly that girls should be allowed to play on the high school basketball team. Meet with the coach of your school and try to explain why a coed team can be a winning team.

coeducational—
  coeducacional
the experiment—la
  prueba
to be successful—salir
  bien; tener éxito
fully—completamente
to train—entrenar

Suggested subtopics: What you want to talk about; why you think girls can play as well as boys; propose an experiment with a coed team;

if experiment is successful next year's team will be fully coed; girls must be trained from childhood for all sports; rules may have to be modified; separate dressing quarters; advantage of novelty.

sports—deportes
to modify—cambiar
dressing room—el vestidor
the advantage—la ventaja
novelty—la novedad

10. You want to go to the movies but your father is hesitant because he does not believe that modern films are proper for young people. Try to persuade him that he should not fear for the film is very proper.

    Suggested subtopics: Ask your father for some money; why you need it; what you plan to see; assure him it is a good film; with whom you are going; where you are going after the film; at what time you will come home; invite him to accompany you.

the movies—el cine
the film (moving picture)—la película
to accompany—acompañar

11. You want a new dress. Your mother reminds you of all the dresses which are in the closet and which you hardly ever wear. Tell her why you need a new one.

    Suggested subtopics: Ask for a new dress; explain why the old ones will not do; how you will help to pay for it; what color you want; how you promise not to buy another dress for a long time; how you want her to accompany you for her advice.

the dress—el vestido
to be out of style—pasado de moda
a long time—por mucho tiempo
advice—consejo; opinión

12. Your state is planning to increase the tax on gasoline. This would be a burden on your family as well as on you. Send a letter to your legislator telling him that you are vigorously opposed to any and all new taxes on motorists. Write only the body of the letter. (Open-ended)

a tax on—un impuesto sobre
the gasoline—la gasolina
a burden—un peso
the motorist—el automovilista
vigorously—vigorosamente

13. You were asked to write a report with a fixed due-date. The teacher had stated clearly that the composition would not be accepted after that date. You were truly not able to give it in. See your teacher and try to persuade her that it was an unavoidable situation. (Open-ended)

Report (school)—
  papeleta
unavoidable—
  inevitable

14. Your Board of Education has decided not to pay for the publication of your school newspaper in order to save money. At the public meeting of the Board try to convince the audience and the members of the Board that your newspaper is part of the educational process.

Suggested subtopics: Give your name and grade; why you wish to be heard; what the newspaper offers the student of journalism; what it offers the general student body; request actual cost of publication; suggest how the students can help pay for part of the paper; end with hope that the Board will reconsider.

to save—ahorrar
journalism—
  periodismo
to offer—ofrecer
to publish—publicar
to reconsider—
  reconsiderar

15. Your mother wants to redecorate the house and replace all the furniture. She feels that your father will not be too happy to hear that news. Plan with your mother how you will convince your father.

Suggested subtopics: What your mother wants to do; why she wants to redecorate; how much she thinks it will cost; suggest what she can keep; how you and she can sew the curtains; how these will show Dad that you are being economical; how you will offer to help the family with the expense; how you feel Dad would like a change too.

to decorate—decorar
to replace—
  reemplazar
a curtain—una cortina
economical—
  económico

16. You want to take a trip to Spain with a group of friends. Your family is not sure that you are ready for a foreign trip. Present them with your reasons why they have nothing to worry about.

to travel—viajar
a trip—un viaje
chaperone—
  acompañante

Suggested subtopics: Inform your family of your desire; when you want to leave; where you will stay; how many friends are going with you; if there will be a chaperon; how long you will stay; how you intend to use the language while you are there; how educational such a trip will be; you hope they will allow you to go.

to intend—pensar, intentar
to allow—permitir

17. A neighbor is running for local office. You agree with all his ideas and will support him. Present an advertisement of ten sentences in which you try to persuade the readers to vote for your candidate. (Open-ended)

candidate—candidato
environment— ambiente
to lower—rebajar
to increase—aumentar
service—servicio

18. A fellow student has decided to leave school and not graduate. Have a friendly talk with him in which you make him aware of the advantages of a completed High School education.

Suggested subtopics: You have heard that your friend wants to leave school; ask him/her to pardon you for your interest; that he/she should complete his education; what the advantages are; not to be discouraged; if he/she applies himself/herself he/she can pass all his subjects; offer your help; convince him/her that the teachers will help him/her; end on an optimistic note.

to leave (school)— abandonar la escuela
to become discouraged— desanimarse
to pass (a subject)— aprobar, salir bien
to help—ayudar
the help—ayuda

19. Your grandmother is offended and has not visited your house for some time. You are aware that you were the cause of her sadness. Write a letter in which you apologize and convince her that you love her very much. Write only the body of the letter.

Suggested subtopics: Tell her you haven't heard from her for sometime; tell her you suspect you know why; explain that you didn't mean to offend her; that you love her very much; you miss her; you miss her cooking; you want to see her; if you may visit with her; you apologize for what you did; you hope to see her very soon.

to be offended—estar ofendido
to hear from—tener noticias de
to offend—ofender
to miss (a person)— echar de menos
to apologize— disculparse

20. As a school senior you feel that all seniors are entitled to special privileges. Write an editorial in your school newspaper hoping to get the support of the senior class and the attention of the administration.

Suggested subtopics: As a senior you feel that you should be given a preview of the freedom you will get in college; more responsibility should be put on the student; if he/she does not work he/she should be failed; he/she must not be kept in school for lunch; there should be no study hall for seniors; administration should impose its rules without parental conferences.

to fail—reprobar; suspender
a lounge—salón de descanso
to impose—imponer
parental—de padres

21. You have been keeping fairly steady company with a young man/woman. You will be going off to college and you realize that a permanent commitment is not a good idea. Communicate this idea to your companion.

Suggested subtopics: Suggest a dinner at a restaurant; you have something important to discuss; where you would like to go; at what time to meet; at restaurant reveal your thoughts about going steady; you want to preserve the friendship; both should go out with others; you hope that you have not made him/her sad; you are glad to hear that he/she agrees with you.

to preserve—guardar
the friendship—la amistad
sad—triste

22. At a corner on your main street there have been a series of accidents. The local mothers feel that a traffic light is needed especially for the children who cross that street often. Write a letter to your local administration and present it with the reasons why a light must be installed. Write only the body of the letter.

Suggested subtopics: Location of accident scene; how many accidents have occurred since school opened; how many there have been overall; you request that someone be sent to

traffic—circulación; tránsito
urgent—urgente
traffic light—semáforo

observe traffic. On Saturday and Sunday traffic is also bad; press the urgency of the matter; what parents plan to do in meantime; you hope to hear from them soon.

23. You must raise money for your school literary magazine. Your particular department is getting advertisements from the professionals in your district. Call your dentist and try to persuade him to pledge an advertisement.

    Suggested subtopics: Call dentist and introduce yourself; why you are calling; the various sizes and prices of ads; how many households receive the magazine in your district; how this gives him more potential patients; how it helps your literary magazine; thank him for the contribution; tell him you will send him a copy.

    an ad—un anuncio
    size—tamaño
    household—hogar
    a magazine—una revista
    a district—un distrito
    a contribution—una contribución
    a copy—un ejemplar

24. Your young brother/sister in Junior High School is beginning to show signs of neglecting his/her studies. You are about to graduate, and as a senior, you can look back and evaluate your errors. Try to persuade your brother/sister of the advantage of good study habits and the consequences of neglect at his/her grade level. (Open-ended)

    habit—la costumbre
    a consequence—una consecuencia
    to neglect—descuidar
    the neglect—descuido
    grade level—grado

25. When you arrive home, after being at your friend's house, you discover that you have a piece of jewelry which belongs to your friend. You hesitate to call about this mistake because your friend may think you stole the article. Discuss the situation with your parents seeking their advice.

    the jewelry—la joya
    to hesitate—vacilar

    Suggested subtopics: Show parents the jewelry; tell them where you had been; how you feel the jewelry was picked up; why you hesitate to call your friend; listen to your parents' advice; accept it; call your friend to explain; apologize for situation; reflect the understanding response of your friend; express your relief.

PART IV

Writing Tasks
Inquiry

PART IV

Writing Tasks
Inquiry
Vocabulary

INQUIRY

1. You have sent a birthday gift to a friend but have not heard from him/her. You suspect that it may have gotten lost. Write a letter to your friend inquiring about receipt of package.

    Suggested subtopics: ask how the person is; indicate how you and your family are; why you sent him/her a gift; date mailed; content of package; why you sent the specific article; advise calling local post-office; let writer know answer of post-office; a new gift will will be sent; ask what the person might like; wish your friend a happy birthday.

    to mail—echar al correo
    post office—oficina de correos

2. You purchased a pair of shoes through an advertisement in the N.Y. Times. The shoes were neither the color nor the size you requested. Write a letter to the company asking if your original order can be honored.

    Suggested subtopics: mention displeasure over having received the incorrect article; date of original order; article requested; color and size of shoes; description of those received; request correct size and color; you will return the wrong pair when you receive the correct order; ask if you are being charged for the incorrect shipment; ask what is your account balance; ask for their latest catalogue.

    to purchase—comprar
    purchase—la compra
    to order—pedir
    size—el tamaño
    to charge—cargar
    shipment—el envío
    account—la cuenta
    balance—el balance
    catalogue—el catálogo

3. An advertisement has been placed in the newspaper requesting one's services as a baby-sitter during the months of July and August. You call the party requesting some information

   Suggested subtopics: Indicate your name; ask to speak to the person who wrote the advertisement; state your age and experience; ask about the age of the child; ask about the sex of the child; the child's interest; the house in which you will be babysitting; meal times of the child; food preferences; salary.

the advertisement—anuncio
to baby-sit—cuidar niños
lunch—el almuerzo
foods—la comida
to feed—dar de comer

4. Write a letter to your pen-pal who lives in a Spanish-speaking country. Inquire about your pen-pal's daily activities.

   Suggested subtopics: His/her favorite subject; the reason for that choice; what is his/her favorite recreation; why he/she likes it; when he/she participates in it; preferred season; weather during that season; possible trip to the U.S.; possible visit to your town; indication of welcome at your home.

subjects—las asignaturas
recreation—el pasatiempo
viaje—trip
visita—visit

5. Pretend that you are a reporter for your school newspaper. You are interviewing an honor student who is graduating. Make inquiries that would be of interest to the students and faculty.

   Suggested subtopics: Explanation for his/her success; the amount of hours he/she spends nightly in his/her studies; specific university chosen; area of specialization; cost of continued study; location of the university; profession chosen; reason for his/her choice; his/her favorite hobbies; his/her favorite sport.

success—éxito
to major, to specialize—especializarse
cost—los gastos
hobbies—los pasatiempos
sport—el deporte

6. You are speaking to your friend via the telephone arranging a date, time and particular movie to see.

movie theatre—el cine
film—la película
to meet—encontrar

Suggested subtopics: Films seen; film liked best; reason for liking it; film to be seen; date; time; place to go after the movie; place of encounter before going to the movie; amount of money to be brought; time of expected return home; invitation to some other friends.

to invite—convidar

7. Write a letter to your friend's brother asking him about the possibility of a surprise birthday party for his sister, your friend.

    Suggested subtopics: age; date to be given; place to be held; friends to be invited; refreshments to be served; amount of expenditure; sharing of cost; possible gifts; time it will begin; time it will be over.

birthday party—fiesta de cumpleaños
to take place—tener lugar
to invite—convidar
refreshments—refrescos
to spend—gastar
cost—el gasto

8. Write a business letter to a firm asking about a particular product in which you are interested.

    Suggested subtopics: indication of interest; sizes of product; quality of product; availability of product; price of product; amount to be purchased; possible discount; shipping charge; place to be sent.

to be interested in— interesarse en
discount—descuento
shipping costs—gastos de flete

9. Write a letter to a friend accepting an invitation to accompany him/her on vacation.

    Suggested subtopics: acceptance of invitation; date of departure; country to be visited; means of transportation; sights of interest; clothes to be brought; weather; foods of the country; language spoken; date of return.

to leave—partir
departure—la partida

10. Write a letter to a college indicating interest and requesting information.

    Suggested subtopics: Indicate interest; quality of course offerings; diversity of course offerings; academic requirements for college entrance; number of students per class; non-academic activities; availability of openings: availability of scholarships; cost of tuition; request to see campus.

to enroll, matriculate— matricular
courses—los cursos
entrance requirements— requisitos de ingreso
scholarship—la beca
tuition—el precio de la enseñanza

11. Write to the subscription editor of a magazine in which you have some interest.

Suggested subtopics: Degree of interest; number of issues per year; subscription cost; student discount; time of month new issue appears; request for some old issues; topics to be covered in future issues; address to be sent; means of payment (check, money order, cash); month subscription is to begin.

issues—las ediciones
subscription—la subscripción
discount—el descuento
topics—tópicos
check—el cheque
cash—al contado
money order—giro

12. You heard your friend's father was ill. Write a letter to your friend asking about his/her father's state of health.

Suggested subtopics: How and when you heard; expression of concern; when the father became ill; how long was he in the hospital; kind of illness; seriousness of illness; doctor's prognosis; state of present health; place of convalescence; length of convalescence; offer of assistance.

to be ill—estar enfermo
to convalesce—restablecer la salud

13. Write a letter to the columnist of a famous auto magazine. Inquire for your father, who is about to buy a new car.

Suggested subtopics: Indicate type of car your father plans on purchasing; its gas mileage; its quality; past record of repairs; amount of front and rear space; comfort of ride; price of car; availability of car; purchase recommendation; purchase recommendation of other cars.

gas mileage—millas por galón
to repair—arreglar, reparar
space—espacio
comfortable—cómodo

14. Write a letter to a friend asking how he/she has done during the past school year.

Suggested subtopics: Inquiry as to health; school subjects studied; grades; favorite subjects; non-academic school activities; after school activities; Christmas and Easter vacations; new friends; weekend activities; plans for the summer vacation.

school year—año escolar
school subjects—las asignaturas
grades—las notas
Easter—La Pascua Florida
Christmas—La Navidad
weekend—el fin de semana

15. Write a letter to your brother who is studying in a foreign country.

Suggested subtopics: Difficulty of studies; language barrier; subjects studied; friends; food; dates; interesting customs; evening activities; weekend activities; expected return home.

studies—los cursos
dates (social)—las citas, los compromisos

16. Write a letter to a friend who lives in another city inquiring about his/her Christmas vacation.

Suggested subtopics: Where you spent Christmas; what gifts you received; how your friend spent his/her Christmas vacation; where he/she spent it; what gifts he/she gave; what gifts he/she received; what was his/her favorite gift; what he/she did during the vacation; how he/she is doing in school; how you are doing in school.

Christmas—La Navidad

17. You are speaking to a friend on the telephone asking him/her the way he/she generally spends his/her Saturdays.

Suggested subtopics: What you intend to do this Saturday; inquire if he/she can join you; ask what time he/she gets up on a Saturday; indicate what time you get up; ask what time he/she has breakfast; what he/she usually has for breakfast; what he/she generally does after breakfast; what time he/she has lunch; what he/she was planning on doing after lunch this coming Saturday; what he/she plans on doing this Saturday evening.

to get up—levantarse
breakfast—el desayuno
lunch—el almuerzo

18. You are taking a survey on reading habits in your community for a report in Social Studies. Prepare a list of questions.

Suggested subtopics: Reason for taking survey; how many newspapers does the family read daily; what specific newspapers are read; what

newspaper—el periódico
magazine—la revista
employment—el empleo

part of the newspaper is first read; what magazines are read; what is the favorite magazine of the family; what other reading material is read besides newspapers and magazine; how many hours are spent daily on reading; ask their level of education; whether they are employed or not; the nature of their work.

19. Write a letter to the director of the summer school program for foreign students at the University of Salamanca, Salamanca, Spain, asking him about the program.

    Suggested subtopics: State interest; indicate educational background; availability of program; level of program; duration of program; number of students per class; age of students attending; where you will stay; cost of room, board and tuition.

    program—el programa
    to attend—asistir a
    to stay—quedar, vivir
    room and board—casa y comida, pensión
    tuition—precio de la enseñanza

20. You are investigating the causes and events of an auto accident. You are questioning one of the parties of the accident.

    Suggested subtopics: Name; address; age; date the accident occurred; where it occurred; names of others who were in the car; time of the accident; weather; how accident occurred; witnesses; offer your thanks for the information given.

    address—la dirección
    accident—el accidente
    to occur—ocurrir
    witnesses—los testigos

21. You are conducting a poll in your school on some timely political and social questions. You are performing this task for the school newspaper.

    Suggested subtopics: Name of student; age; grade; political preference (Republican, Democrat, Independent); reason for political preference; inflation; unemployment; abortion; the draft; job opportunities.

    political party—partido político
    Democrat—Demócrata
    Republican—Republicano
    Independent—Independiente
    inflation—inflación
    unemployment—el desempleo
    abortion—el aborto
    the draft—el reclutamiento
    employment—el empleo, trabajo

22. You are calling the manager of a restaurant about the posibility of a surprise birthday dinner party for your mother.

Suggested subtopics: Your name; purpose for calling; date of dinner party; time of dinner party; number of people attending the dinner party; availability of a table; dinner specialties; beverage selection; dessert possibilities; cost per plate.

a birthday party—una fiesta de cumpleaños
dinner—una comida
specialties—especialidades
beverages—bebidas
for dessert—de postre
per plate—cada persona
to cost—costar

23. You are responding to an ad in the newspaper concerning a summer job. You are speaking on the telephone.

Suggested subtopics: Your name; your interest; availability of position; working hours; job responsibilities; qualifications; date of beginning; date of job termination; job references; salary.

job—empleo
qualifications—calificaciones
to begin—empezar
to end—terminar
references—referencias
salary—el salario

24. You are writing to a resort expressing an interest in a possible stay.

Suggested subtopics: Your intentions; number of persons; date of your stay; availability of rooms; inclusion of meals; daytime facilities; evening activities; type of rooms available; cost of room; deposit requirement.

an inn or hotel—el hotel
include—incluir
facilities—las conveniencias
deposit—el depósito

25. Act as a real estate agent. Interview the client who has just entered your office expressing an interest in purchasing a home.

Suggested subtopics: Name; age; other members of the family; their ages; present address; job; salary; duration at present job; type of home desired; number of rooms; area desired.

ages—las edades
salary—el pago, el salario

PART V

100 Oral Performance Questions

Directions (1-100): You may be asked the following questions either by your teacher or by another person who speaks Spanish, preferably a native speaker. The questions should be answered in complete sentences in Spanish. Many of the questions permit a variety of types of response. You should attempt to answer them as naturally and spontaneously as possible. In this way you will gain the maximum benefit both for your listening comprehension and speaking fluency in Spanish.

PART V

100 Oral Performance Questions

1. ¿Cómo se llama Ud.?
2. ¿Cómo se llama su padre?
3. ¿Qué es su apellido?
4. ¿Dónde vive Ud.?
5. ¿Cuántos años tiene Ud.?
6. ¿Cuántos años tiene su abuela?
7. ¿Cuántos años tiene su hermano mayor?
8. ¿Cuántos años tiene su hermana menor?
9. ¿A qué hora se levanta Ud. cada día?
10. ¿A qué hora empiezan sus clases?
11. ¿A qué hora termina el día escolar?
12. Mencione Ud. algunas de sus asignaturas.
13. ¿Qué carrera estudia Ud.?
14. ¿Cómo se gana la vida su padre?
15. ¿Trabaja su madre?
16. ¿Adónde ha viajado Ud.?
17. ¿Trabaja Ud.? ¿Cuánto gana Ud.?
18. Durante la semana, ¿cuántas horas estudia Ud.?
19. Durante la semana, ¿cuántas horas mira la televisión?
20. ¿Tiene Ud. novia?
21. ¿De qué color es el coche de su familia?
22. ¿Qué es la profesión de Liberace?
23. ¿Qué es la profesión de Farrah Fawcett?
24. ¿Qué se presenta en un cine?
25. ¿Qué se presenta en un teatro?
26. ¿Qué hay que comprar para entrar en un cine o en un teatro?
27. ¿Dónde va Ud. para comprar los comestibles?
28. ¿Dónde va la mujer para arreglar su pelo?
29. ¿Dónde va el hombre para cortarse el pelo?
30. ¿Cómo se llama la señorita que nos sirve en el avión?

31. ¿Cómo se llama la máquina que lava nuestros platos?
32. Mencione al menos tres asignaturas que Ud. estudia.
33. ¿Conduce Ud. un coche?
34. Mencione al menos cinco prendas de vestir que lleva su profesor/ra.
35. ¿Cuánto le parece que cuesta un año en la universidad?
36. ¿Qué ruido se oye cuando hay una tormenta?
37. ¿Qué se usa en nuestros edificios para enfriar los cuartos?
38. ¿Qué se usa en nuestras casas para calentar la casa?
39. ¿En que día de la semana está usando este ejercicio?
40. ¿En que mes tiene sus exámenes?
41. Al verse con calentura, ¿a quién llama Ud.?
42. Si quiere cortar el papel o la tela, ¿qué usa Ud.?
43. Describa la cara de su maestro/a.
44. ¿Qué lo hace feliz?
45. ¿Cómo pasó el fin de semana?
46. ¿Qué refrescos sirve Ud. durante el verano?
47. ¿Teme Ud. que haya una guerra?
48. Si pudiera votar, ¿a quién elegiría para Presidente?
49. Si hallara una cartera llena de dinero, ¿qué haría Ud.?
50. ¿Cuántas veces a la semana va Ud. a patinar?
51. ¿Sabe Ud. patinar con patines de ruedas o para el hielo?
52. ¿Cuántos años tiene uno que cursar para terminar el Bachillerato?
53. ¿Qué precauciones se toman contra los resfriados?
54. ¿Por qué es importante el ejercicio físico?
55. ¿Qué carreras le gustan a Ud. más?
56. ¿Cuáles son los deportes más populares de verano y de invierno?
57. ¿Quiénes son algunos atletas que han establecido un récord?
58. ¿En qué juegos se usa una pelota?
59. ¿Qué frutas se cultivan en los huertos de los EE.UU.?
60. Describa Ud. la sala de su casa.
61. ¿Cuántos años hace que usted vive en su domicilio actual?
62. ¿Cuántos pisos tienen la mayor parte de nuestras casas?
63. ¿De qué materiales se pueden construir las casas?
64. ¿Cómo puede viajarse de Miami a Cuba?
65. ¿Qué playas famosas ha visitado usted?
66. ¿Le gusta a usted viajar por avión? ¿Por qué?
67. ¿Adónde va usted cuando desea usted tomar un avión?
68. ¿Adónde ha viajado usted?
69. ¿Qué es un cheque de viajero?
70. ¿Cómo se consigue un boleto para viajar?
71. ¿Qué se compra en un supermercado?
72. ¿Le gustan a usted las jiras de campo? ¿Por qué?

73. ¿Cuándo hace usted jiras campestres?

74. ¿Qué le gusta hacer en las jiras campestres?

75. ¿Hay hoy en día muchos accidentes de tráfico? ¿Por qué?

76. ¿Ha tenido su padre algun accidente automovilístico?

77. ¿Qué debe uno hacer en caso de accidentes?

78. ¿Por qué no le ha ocurrido a su padre ningún accidente?

79. ¿Qué hace usted cuando tiene dolor de dientes?

80. ¿Por qué es bueno ir a menudo al dentista?

81. Por lo general, ¿quiénes usan los dientes postizos?

82. ¿Cómo se conservan bien los dientes?

83. En la ciudad donde usted vive, ¿hay tiendas de comestibles o mercados?

84. ¿Qué vende en un mercado?

85. ¿Desea usted visitar un mercado hispanoamericano? ¿Por qué?

86. Describa usted un pueblo español.

87. ¿Hay parques en la ciudad donde vive usted?

88. Por lo general, ¿qué hay en los parques de una ciudad?

89. ¿Qué compra usted en las boticas?

90. ¿Qué clase de tiendas hay en una ciudad?

91. ¿Dónde prefiere usted vivir: en la ciudad o en el campo. ¿Por qué?

92. ¿Qué prefiere usted: el cine o el teatro? ¿Por qué?

93. ¿Qué clase de películas le gustan a usted?

94. ¿Cuáles son sus artistas predilectos?

95. ¿Cuántas veces al año va usted al cine?

96. ¿Prefiere usted comer en casa o en un restaurante? ¿Por qué?

97. ¿Cuáles son sus platos favoritos?

98. ¿Qué bebidas les gustan a los miembros de su familia?

99. ¿De qué modos se puede servir el café?

100. ¿Le gusta a usted la cocina mexicana? ¿Por qué?

PART I

1. ¿Qué prefiere esta persona?

El vivir en un país extranjero es a veces difícil. Recuerdo cómo me sentía al llegar a este país hace dos años. Yo hablaba inglés mal y tenía miedo de no saber expresarme. ¡Cuánto me gustó volver a mi país y hablar mi propio idioma!

1. c.

2. ¿A qué hora se levanta Juan?

Juan va a la escuela temprano. Se despierta a la seis y se levanta media hora más tarde. Las clases empiezan a las siete y media pero para tomar el autobús a tiempo, tiene que salir de la casa a las siete y diez.

2. b.

3. ¿Qué tiempo hace cuando Juan sale de casa?

Al levantarse Juan se acerca a la ventana y ve que el cielo está nublado y que parece que va a llover. Abre la ventana y siente que hace frío. La cierra y va al armario, de donde saca ropa adecuada al tiempo.

3. c.

4. ¿A qué hora almuerza Juan los sábados?

Durante la semana Juan almuerza en la escuela a las once de la mañana. Cuando está en casa, el sábado, se levanta muy tarde y no almuerza hasta dos horas después del mediodía.

4. a.

5. ¿A quién escribió Pablo?

La semana pasada Pablo recibió una carta de España. Le escribió la hermana de su madre, quien le envió sus saludos de cumpleaños. Ahora Pablo contesta la carta en la cual le da las gracias. La termina, la pone en un sobre, cierra el sobre, le pone sello y la lleva al correo.

5. b.

6. ¿Quién llegó a la casa?

La cena estaba en la mesa. Cuando llegó el marido, su esposa le quitó el abrigo y lo colgó en el armario. Sus hijos lo saludaron y lo besaron. Todos se sentaron y empezaron a comer.

6. c.

7. ¿Por qué llamó Juan a Pedro?

El teléfono sonó y Pedro respondió. Era Juan que quería saber si Pedro deseaba ir al restaurante con unos amigos y amigas. Pedro aceptó la invitación y dijo que se encontrarían en frente del restaurante.

7. a.

8. ¿Qué está ocurriendo?

—El avión aterrizará en unos minutos.
   —¡Mira, allí viene!
   —¡Qué avión tan grande!
   —Es un avión a chorro.
   —Vamos a acercarnos para recibir a tu hermana Elena.
   —Espero que se haya divertido en sus vacaciones.

8. d.

9. ¿Qué le pasa al amigo?

Aquella tarde, lo tomó del brazo y lo llevó a su casa. Se sentaron a la mesa y luego dijo:
   —Prepara para mi amigo una taza de chocolate, del chocolate bueno, de ese que tenemos reservado para las fiestas. Trae además un buen pedazo de pan, pero pronto, porque ya es tarde y todavía no ha comido nada.

9. d.

10. ¿Qué caracteriza al mercado?

A mí me gusta ir al mercado. Allí, todo está lleno de animación. La gente compra y vende. Me gusta oír los gritos de los vendedores y la conversación de la gente. Siempre hay un ambiente de alegría.

10. a.

11. ¿Qué quiere el chico que narra el cuento?

Después de entrar mi amo se quitó el sombrero y me preguntó si quería lavarme las manos. Luego se sentó y siguió preguntándome de dónde era yo y cómo había venido a esta ciudad. Yo le hablé de lo que él quiso, pero me parecía que la hora era más conveniente para poner la mesa y servirle el plato del día.

11. d.

12. ¿Qué había golpeado al paseante?

Una tarde, una hermosa tarde de invierno, salí de casa después de almorzar con el objeto de hacer algunas visitas y también para pasearme. Iba caminando lentamente, meditando y saboreando un buen cigarro, cuando de repente recibí un fuerte golpe en la cabeza que me hizo vacilar. Cuando me recobré, vi a mis pies una enorme muñeca.

12. c.

13. ¿Cuál era el atractivo de esta región?

Hacía media hora que el avión me había dejado. Empecé el camino hacia Punta Arenas en el sur de Chile. A lo lejos se veían hoteles adonde muchas familias van para escapar del calor.

13. c.

14. ¿Cómo podía dejar de llorar el paciente?

—Doctor, estoy muy nervioso. Cada vez que canto, las lágrimas acuden a mis ojos. ¿Qué debo hacer?
—Póngase algodón en los oídos.

14. c.

15. ¿Qué ha convertido a Caracas en ciudad cosmopolita?

El petróleo es la sustancia interna y externa de Venezuela. El oro negro ha hecho de Caracas lo que es hoy: una ciudad ultramoderna. Unos tres millones de personas viven en su área metropolitana.

15. b.

16. ¿Dónde está esta persona?

Acaba de silbar y ya estamos en marcha. Es muy difícil darme cuenta de que dentro de unos pocos días estaré a mil quinientas millas de usted y de la linda Ciudad de México.

16. a.

17. Una característica de la gente de este país es

Los habitantes de Costa Rica siempre han tenido la reputación de ser muy honrados. En 1888 un viajero norteamericano escribió que los banqueros de San José recibían sumas de varios miles de dólares en carretas sin guardias. Estas sumas siempre llegaban intactas; el robo era desconocido.

17. c.

18. ¿Cómo era este joven?

Tenía diez y seis años, pero nadie lo diría. Por su aspecto exterior y hasta por su modo de pensar, parecía hombre de veintitrés. La abuela se sentía orgullosa de él. Era uno de sus nietos preferidos. Pedro era, como se ha dicho, todo un hombre.

18. b.

19.   ¿Cómo se gana la vida este hombre?

En verdad, si quiere uno olvidar por unas dos horas y media los graves problemas actuales, que vayan al Teatro del Bosque, donde trabaja el loco Valdés, combinación de actor cómico y de acróbata.

19. b.

20.   ¿Qué hacían los marineros?

Sobre el mar azul estaban esparcidas treinta o cuarenta lanchas. Eran las dos de la tarde de un hermoso día de junio. En las lanchas, los marineros estaban medio dormidos, esperando pacientemente la llegada del atún.

20. b.

21.   ¿Qué le pasaba al reloj?

El mecánico, al mirar el reloj de pared, gritó: Me parece que nuestro reloj está parado otra vez. —Cuando funciona siempre se adelanta o se atrasa.

21. b.

22.   ¿Para quiénes son las modas de París?

Las casas de moda de París venden a precios reducidos los vestidos que ellas hacen en gran escala. Así no hay mujer que no pueda vestirse ahora de una manera muy elegante.

22. d.

23.   ¿A qué se debía el éxito de María?

María llegó a ser gran artista, gracias a los esfuerzos de su padre. Este le había dado lecciones desde muy niña y era su agente de negocios. A la muerte de su padre, la joven se sintió sola y llena de terror.

23. d.

24.   ¿Por qué no le sirvió al anciano el premio?

Cierto anciano del Paraguay recibió un premio en una fiesta. El premio consistía en poder cortarse el pelo gratis durante un año. Lo extraño del caso es que a él no le quedaba ni un solo pelo en la cabeza. ¡Qué lástima!

24. c.

25.   ¿Qué desea este joven?

Soy un muchacho argentino de dieciséis años cuyo interés principal es mantener la paz en el mundo y hacer amistades en la América Latina y los Estados Unidos. Con este propósito me gustaría tener amigos por correspondencia. Abrigo la esperanza de que quizás alguién me pueda ayudar en mi cruzada de paz y amistad.

25. c.

26.   ¿De qué se quejaba el hombre?

El dentista pidió diez dólares a don Ramón por la extracción de un diente. —¿Cómo es posible —dijo don Ramón— que usted me pida tanto dinero por sólo cinco minutos de trabajo? —Bueno —contestó el dentista—, si usted quiere, puedo tardar una hora.

26. c.

27.   ¿Por qué llamó Roberto a los habitantes de la casa?

Roberto regresaba a su casa después de asistir al cine. Al pasar por una calle, notó que salía mucho humo de una casa de apartamentos. Sin perder tiempo, bajó de su automóvil y tocó los timbres de todos los apartamentos. Gracias a su buena acción, se salvaron las vidas de muchas personas.

27. a.

28.   ¿Para qué bajan algunos venecianos la cesta?

En Venecia, los carteros recorren de prisa los barrios que les corresponden. Gritan los nombres de los destinatarios con vibrantes voces de barítonos y depositan las cartas en cestas, que se bajan con cuerdas desde las ventanas de los pisos altos.

28. b.

29.   ¿Qué clase de cuentos contaba Enrique?

Enrique era un conversador agradable. Contaba con la ayuda de su imaginación y su memoria, para relatar historias como si verdaderamente las creyese. Quizás él también creía en ellas.

29. d.

30.   ¿Qué se espera?

Hoy es domingo y la tarde es de toros. Hay un reflejo en el cielo. Tal vez llueva. Todos esperan la hora de la corrida de toros.

30. c.

31.   ¿Qué le gustaba mucho a esta persona?

El campo me atraía de manera absoluta, en todas sus manifestaciones. Mi interés principal era el campo. Me dediqué a él, como pude, en los días disponibles. No contaba mucho, créeme, que mi padre fuera hacendado.

31. c.

32.   ¿Cómo se usaban las servilletas durante la antigüedad?

La historia de la servilleta se remonta a la antigüedad. En las civilizaciones griega y romana, las personas mejor educadas comían con los dedos. Por eso los esclavos pasaban finas telas, con aguas perfumadas, entre los comensales. Esto se hacía al final de las comidas ya que en el transcurso de la comida se usaban las migas del pan para secar los dedos.

32. b.

33.   ¿A qué hora se abren las tiendas?

El calor obliga en verano a que todas las tiendas de San Marcos se abran desde las
cinco y media de la madrugada hasta las nueve y media de la mañana.

33. d.

34.   ¿Qué se hará en el futuro para prolongar el día?

El sueño, como toda enfermedad, puede ser vencido. Dentro de algunos años será
posible llegar a establecer las condiciones de un sueño eléctrico, que permita
eliminar en dos horas todo el rastro de fatiga muscular y nerviosa. Y los que
consideran el sueño como una pérdida de tiempo podrán, desde entonces, contar con
veintidós horas de actividad por día.

34. c.

35.   ¿Por qué es bueno que los niños trabajen?

En ciertos países, los padres, aún siendo ricos, admiten que sus hijos ganen un poco
de dinero realizando pequeños trabajos. Estos pueden ser hechos en el seno mismo
de la familia o entre sus amistades. Se estima que conviene enseñar a los niños que
sólo obtienen dinero aquéllos que hacen un esfuerzo para ganarlo.

35. d.

36.   ¿Qué debe tener este hombre?

La verdad es que este hombre no tiene una ocupación permanente y por ello se ve en
muy mala situación económica. Lo que necesita es saber cómo ganar el pan diario.
Sea como sea, debería aprender un oficio para salir de esta situación.

36. d.

37.   ¿De dónde obtuvieron el riñón para el trasplante?

Por primera vez en España se efectuó un trasplante de riñón. La enferma era una
mujer de treinta años de edad, esposa de un pescador. La operación se efectuó en el
hospital de Barcelona, utilizando un riñón extraído del cadáver de un hombre joven
que murió en el hospital.

37. c.

38.   ¿Cómo reaccionó Pablo Picasso ante el Cordobés?

Pablo Picasso suspendió sus vacaciones en Cannes para ir a ver torear al Cordobés.
El pintor siguió desde la barrera todas las incidencias de la tarde, pero permaneció
impasible ante el quehacer del Cordobés, que recibió en premio de su faena una
oreja.

38. b.

39.   ¿Por qué había perdido el anciano su libertad?

Esto sucedió en el siglo pasado, después de abolida la esclavitud. Un día, paseaba un
viajero por el sur del país y se encontró con un anciano amable, que a todas luces
debía haber sido esclavo. Le preguntó con curiosidad:
    —Señor, sin duda era usted esclavo no hace mucho, ¿no es verdad?

194

—Sí, señor, respondió el anciano.

—Debe ser muy feliz ahora, dijo el viajero.

—No, señor, no lo soy.

—¿Pero no le han dado a usted su libertad?

—Sí, señor. Pero la perdí hace poco. Me casé.

39. c.

40. ¿Por qué se burla el autor de la barbería americana?

No hay nada tan americano como una peluquería americana. ¡No, nada! Ni los rascacielos, ni las bebidas americanas, ni el reporterismo americano. Una peluquería americana es algo mucho más complicado, mucho más mecánico que todo eso. Uno entra e inmediatamente se encuentra atacado por dos o tres boxeadores que le despojan del sombrero, de la chaqueta, del chaleco, del cuello y de la corbata. El procedimiento es eficaz, pero demasiado violento.

40. b.

41. ¿Qué hizo el hombre?

Clara y Ames se miraron y con un gesto involuntario se aproximaron más al escritorio. Lawrence sostenía el sobre blanco y sellado. Tomó entonces un abrecartas dorado y delgado. En medio del silencio que invadió la oficina resultó estruendoso el sencillo acto de rasgar el sobre.

41. b.

42. ¿Dónde estaba la llave del coche de don Francisco?

Don Francisco olvidaba siempre dónde ponía las cosas. Un día buscaba desesperadamente la llave de su coche porque tenía que ir a su trabajo. La buscó en todos sus bolsillos, miró en el cajón de su mesa, en la cocina, en el comedor, por todos los rincones de la casa. Después de buscar él en vano, su mujer le dijo que fuera a ver si la había dejado en el automóvil. Resultó que su mujer tenía razón.

42. d.

43. ¿Qué se construirá en Madrid?

En Madrid se construirá lo que ya se conoce como el centro comercial del norte de la capital. En una gran extensión de terreno quedarán integrados el Teatro Nacional de la Opera, grandes almacenes, hoteles, salas de espectáculos y estacionamientos subterráneos para automóviles. Una nueva ciudad, en suma, que proporcionará trabajo a 18,000 personas. Grandes zonas verdes enmarcarán un rascacielos de 150 metros de altura.

43. c.

44. ¿Por qué dura tanto tiempo la producción de esta película?

La película nueva del director finlandés tiene por tema un conflicto religioso. La filmación durará setenta días, lo que constituye un record. Se necesitará tanto tiempo porque en el norte de Finlandia, en esta época del año, sólo hay luz que permite rodar durante tres horas al día. La película será en blanco y negro.

44. b.

45.   ¿Qué significado tiene la Semana de España en Nueva York?

El alcalde de Nueva York ha proclamado la celebración de la semana de España del 8 al 15 de octubre de cada año. Esta semana coincide con la fecha del descubrimiento del Nuevo Mundo por Cristóbal Colón el 12 de octubre.

Se proyecta un desfile por la Quinta Avenida con la participación de España y de los países latinoamericanos, y también de otros actos culturales.

45. c.

46.   ¿Por qué estaban animadas las calles esta tarde?

Jorge llegó a su casa a las siete de la tarde. La víspera de Navidad ya se veía en la extraordinaria animación de las calles y en los bazares llenos de juguetes. Los vendedores ambulantes habían invadido las aceras con sus muñecos de madera. La calle mareaba, y Jorge entró en su casa para descansar del estrépito que lo había perseguido por todo el centro de la ciudad.

46. a.

47.   ¿A qué se parece más la corrida de toros?

Con razón se llama a los toros la fiesta nacional de España. Desde el punto de vista moral, artístico y sentimental, es un hecho de profunda significación en la vida española. En España hay tantos entusiastas como enemigos de los toros; pero nadie es indiferente a este fascinador espectáculo de luz, color, movimiento, belleza plástica, entusiasmo, valor, emoción, angustia, terror y muerte. Es decir, que reúne todos los elementos de una verdadera tragedia griega.

47. d.

48.   ¿Qué hacen los indígenas cada sábado?

Desde los lugares que habitan, algunos muy lejos, hacen los sábados el peregrinaje a la feria. Unos viajan a pie, otros en burros, algunos pastorean los animales que serán vendidos, o que llevan la carga de sus productos. Lo típico de estas caravanas de indígenas es ver a las mujeres caminando mientras en las manos llevan el huso con el que van hilando el algodón o la lana.

48. a.

49.   ¿Qué tipo de provincia es Carchi?

Los que viajan por la carretera Panamericana desde el sur de Colombia al norte del Ecuador, atraviesan el histórico puente de Rumichaca, en la frontera que separa las dos repúblicas. La primera ciudad importante en tierra ecuatoriana es Tulcán, capital de la provincia del Carchi, rica en ganadería, trigo, cebada y papas.

49. d.

50.   ¿Por qué se distingue el Ecuador?

Un visitante que llegó por primera vez al Ecuador, hace más de cien años, exclamó con entusiasmo: "El Ecuador tiene el panorama más maravilloso del mundo". Contemplar los paisajes verdes, ocres y amarillos, salpicados por los vistosos trajes de los indígenas, ver la arquitectura de las antiguas ciudades coloniales mezcladas con los signos del progreso moderno, despierta hoy la misma admiración aun en el viajero más exigente.

50. c.

PART III

Reading Comprehension
Long Passages
Answer Key

1. 1. d
   2. c.
   3. c.

2. 1. b.
   2. d.
   3. a.
   4. c.

3. 1. b.
   2. a.
   3. c.
   4. d.

4. 1. c.
   2. a.
   3. c.
   4. b.

5. 1. c.
   2. c.
   3. d.
   4. c.

6. 1. c.
   2. a.
   3. b.
   4. a.

7. 1. c.
   2. c.
   3. c.
   4. b.
   5. b.

8. 1. c.
   2. c.
   3. b.
   4. a.

9. 1. a.
   2. b.
   3. d.
   4. c.
   5. b.

10. 1. d.
    2. c.
    3. a.

11. 1. c.
    2. b.
    3. a.
    4. d.

12. 1. c.
    2. a.
    3. d.
    4. a.

13. 1. c.
    2. b.
    3. b.
    4. d.
    5. c.

14. 1. b.
    2. b.
    3. b.

15. 1. d.
    2. b.
    3. d.
    4. c.

16. 1. b.
    2. a.
    3. b.
    4. c.

17. 1. c.
    2. d.
    3. d.
    4. a.

18. 1. b.
    2. a.
    3. d.
    4. a.

19. 1. b.
    2. c.
    3. d.

20. 1. c.
    2. d.
    3. c.

21. 1. c.
    2. d.
    3. c.

22. 1. a.
    2. d.
    3. d.

23. 1. a.
    2. d.
    3. a.
    4. b.

24. 1. c.
    2. d.
    3. a.
    4. a.

25. 1. c.
    2. a.
    3. d.

26. 1. a.
    2. a.
    3. b.
    4. a.

27. 1. b.
    2. b.
    3. d.
    4. d.

28. 1. b.
    2. a.
    3. a.
    4. d.
    5. d.

29. 1. b.
    2. a.
    3. c.
    4. b.
    5. c.

30. 1. d.
    2. b.
    3. a.
    4. b.
    5. b.

31. 1. c.
    2. c.
    3. a.
    4. b.
    5. d.

32. 1. b.
    2. d.
    3. d.
    4. c.
    5. b.

33. 1. d.
    2. a.
    3. c.
    4. d.
    5. a.

34. 1. a.
    2. b.
    3. b.
    4. d.
    5. c.

35. 1. c.
    2. a.
    3. c.
    4. a.
    5. a.

36. 1. b.
    2. c.
    3. d.
    4. a.
    5. d.

37. 1. b.
    2. c.
    3. d.
    4. b.
    5. c.

38. 1. c.
    2. c.
    3. b.
    4. d.
    5. c.

39. 1. c.
    2. d.
    3. c.
    4. c.
    5. b.

40. 1. d.
    2. c.
    3. c.
    4. a.
    5. c.

41. 1. c.
    2. c.
    3. c.
    4. b.
    5. b.

42. 1. d.
    2. a.
    3. d.
    4. b.
    5. d.

43. 1. c.
    2. b.
    3. a.
    4. c.
    5. a.

44. 1. d.
    2. c.
    3. b.
    4. c.
    5. a.

45. 1. d.
    2. b.
    3. a.
    4. b.
    5. a.

46. 1. b.
    2. b.
    3. c.
    4. c.
    5. b.

47. 1. c.
    2. d.
    3. d.
    4. b.
    5. b.

48. 1. c.
    2. d.
    3. c.
    4. d.
    5. d.

49. 1. c.
    2. a.
    3. b.
    4. c.
    5. c.

50. 1. c.
    2. c.
    3. a.
    4. c.
    5. c.

PART III

Reading Comprehension
Short Passages
Answer Key

1. b
2. c.
3. c.
4. b.
5. c.
6. c.
7. d.
8. b.
9. c.
10. b.

11. c.
12. c.
13. d
14. c.
15. a.
16. a.
17. c.
18. a.
19. c.
20. c.

21. c.
22. a.
23. d.
24. d.
25. c.
26. c.
27. a.
28. c.
29. b.
30. b.

31. c.
32. d.
33. a.
34. c.
35. a.
36. a.
37. c.
38. c.
39. a.
40. a.

41. d.
42. b.
43. d.
44. c.
45. b.
46. c.
47. c.
48. a.
49. d.
50. c.

PART III

Reading Comprehension
Cloze Procedure
Answer Key

1. I. 2.
    II. 3.
    III. 1.
    IV. 2.
    V. 1.

2. I. 3.
    II. 2.
    III. 5.
    IV. 3.
    V. 4.

3. I. 3.
    II. 5.
    III. 2.
    IV. 1.
    V. 5.

4. I. 2.
    II. 3.
    III. 5.
    IV. 2.
    V. 1.

5. I. 5.
    II. 3.
    III. 2.
    IV. 2.
    V. 1.

6. I. 5.
    II. 3.
    III. 1.
    IV. 2.
    V. 4.

7. I. 5.
    II. 2.
    III. 3.
    IV. 1.
    V. 2.

8. I. 3.
    II. 1.
    II. 1.
    III. 4.
    IV. 3.
    V. 2.

9. I. 4.
    II. 2.
    III. 1.
    IV. 5.
    V. 2.

10. I. 2.
    II. 5.
    III. 3.
    IV. 1.
    V. 4.

11. I. 2.
    II. 3.
    III. 1.
    IV. 1.
    V. 3.

12. I. 2.
    II. 5.
    III. 3.
    IV. 2.
    V. 1.

13. I. 2.
    II. 4.
    III. 5.
    IV. 1.
    V. 3.

14. I. 2.
    II. 4.
    III. 4.
    IV. 2.
    V. 1.

15. I. 1.
    II. 3.
    III. 2.
    IV. 1.
    V. 3.

16. I. 3.
    II. 3.
    III. 1.
    IV. 4.
    V. 2.

17. I. 3.
    II. 2.
    III. 4.
    IV. 2.
    V. 2.

18. I. 2.
    II. 2.
    III. 3.
    IV. 5.
    V. 1.

19. I. 3.
    II. 5.
    III. 2.
    IV. 5.
    V. 2.

20. I. 2.
    II. 2.
    III. 5.
    IV. 2.
    V. 1.

21. I. 4.
    II. 4.
    III. 3.
    IV. 1.
    V. 2.

22. I. 3.
    II. 4.
    III. 2.
    IV. 5.
    V. 1.

23. I. 4.
    II. 2.
    III. 3.
    IV. 1.
    V. 3.

24. I. 1.
    II. 3.
    III. 4.
    IV. 2.
    V. 5.

25. I. 3.
    II. 1.
    III. 5.
    IV. 4.
    V. 2.

26. I. 4.
    II. 2.
    III. 4.
    IV. 2.
    V. 3.

27. I. 2.
    II. 1.
    III. 1.
    IV. 2.
    V. 4.

28. I. 3.
    II. 1.
    III. 5.
    IV. 2.
    V. 1.

29. I. 1.
    II. 2.
    III. 4.
    IV. 2.
    V. 2.

30. I. 4.
    II. 5.
    III. 2.
    IV. 4.
    V. 2.

31. I. 2.
    II. 4.
    III. 5.
    IV. 1.
    V. 2.

32. I. 2.
    II. 5.
    III. 1.
    IV. 1.
    V. 3.

33. I. 4.
    II. 3.
    III. 5.
    IV. 1.
    V. 2.

34. I. 5.
    II. 4.
    III. 5.
    IV. 2.
    V. 1.

35. I. 3.
    II. 4.
    III. 2.
    IV. 2.
    V. 2.

36.   I. 4.
     II. 1.
    III. 3.
    IV. 1.
    V. 3.

37.   I. 1.
     II. 4.
    III. 4.
    IV. 1.
    V. 2.

38.   I. 5.
     II. 2.
    III. 4.
    IV. 3.
    V. 1

39.   I. 4.
     II. 3.
    III. 1.
    IV. 2.
    V. 2.

40.   I. 3.
     II. 5.
    III. 1.
    IV. 1.
    V. 3.

41.   I. 1.
     II. 4.
    III. 3.
    IV. 1.
    V. 4.

42.   I. 4.
     II. 3.
    III. 5.
    IV. 1.
    V. 2.

43.   I. 3.
     II. 3.
    III. 3.
    IV. 1.
    V. 5.

44.   I. 1.
     II. 3.
    III. 4.
    IV. 3.
    V. 5.

45.   I. 3.
     II. 1.
    III. 4.
    IV. 3.
    V. 1.

46.   I. 3.
     II. 2.
    III. 1.
    IV. 4.
    V. 5.

47.   I. 3.
     II. 1.
    III. 2.
    IV. 4.
    V. 3.

48.   I. 3.
     II. 2.
    III. 5.
    IV. 3.
    V. 1.

49.   I. 4.
     II. 3.
    III. 1.
    IV. 1.
    V. 2.

50.   I. 4.
     II. 1.
    III. 1.
    IV. 2.
    V. 1.

IRREGULAR VERBS

VERBOS IRREGULARES

Infinitivo *Gerundio* *Participio* *pasado*	*Indicativo* *Presente*	*Subjuntivo* *Presente*	*Imperativo* *Afirmativo*	*Negativo*
1. andar	ando	ande		
andando	andas	andes	anda	no andes
andado	anda	ande	ande	no ande
	andamos	andemos	andemos	no andemos
	andáis	andéis	andad	no andéis
	andan	anden	anden	no anden
2. caber	quepo	quepa		
cabiendo	cabes	quepas	cabe	no quepas
cabido	cabe	quepa	quepa	no quepa
	cabemos	quepamos	quepamos	no quepamos
	cabéis	quepáis	cabed	no quepáis
	caben	quepan	quepan	no quepan
3. caer	caigo	caiga		
cayendo	caes	caigas	cae	no caigas
caído	cae	caiga	caiga	no caiga
	caemos	caigamos	caigamos	no caigamos
	caéis	caigáis	caed	no caigáis
	caen	caigan	caigan	no caigan
4. conocer	conozco	conozca		
conociendo	conoces	conozcas	conoce	no conozcas
conocido	conoce	conozca	conozca	no conozca
	conocemos	conozcamos	conozcamos	no conozcamos
	conocéis	conozcáis	conoced	no conozcáis
	conocen	conozcan	conozcan	no conozcan

Indicativo Pretérito	Subjuntivo Imperfecto	Futuro	Indicativo Condicional simple
anduve	anduviera (anduviese)	andaré	andaría
anduviste	anduvieras (-ses)	andarás	andarías
anduvo	anduviera (-se)	andará	andaría
anduvimos	anduviéramos (-semos)	andaremos	andaríamos
anduvisteis	anduvierais (-seis)	andaréis	andaríais
anduvieron	anduvieran (-sen)	andarán	andarían
cupe	cupiera (cupiese)	cabré	cabría
cupiste	cupieras (-ses)	cabrás	cabrías
cupo	cupiera (-se)	cabrá	cabría
cupimos	cupiéramos (-semos)	cabremos	cabríamos
cupisteis	cupierais (-seis)	cabréis	cabríais
cupieron	cupieran (-sen)	cabrán	cabrían
caí	cayera (cayese)	caeré	caería
caíste	cayeras (-ses)	caerás	caerías
cayó	cayera (-se)	caerá	caería
caímos	cayéramos (-semos)	caeremos	caeríamos
caísteis	cayerais (-seis)	caeréis	caeríais
cayeron	cayeran (-sen)	caerán	caerían
conocí	conociera (conociese)	conoceré	conocería
conociste	conocieras (-ses)	conocerás	conocerías
conoció	conociera (-se)	conocerá	conocería
conocimos	conociéramos (-semos)	conoceremos	conoceríamos
conocisteis	conocierais (-seis)	conoceréis	conocerías
conocieron	conocieran (-sen)	conocerán	conocerían

Infinitivo *Gerundio* *Participio* *pasado*	*Indicativo* *Presente*	*Subjuntivo* *Presente*	*Imperativo* *Afirmativo*	*Negativo*
5. contar contando contado	cuento cuentas cuenta contamos contáis cuentan	cuente cuentes cuente contemos contéis cuenten	 cuenta cuente contemos contad cuenten	 no cuentes no cuente no contemos no contéis no cuenten
6. dar dando dado	doy das da damos dais dan	dé des dé demos deis den	 dé dé demos dad den	 no des no dé no demos no deis no den
7. decir diciendo dicho	digo dices dice decimos decís dicen	diga digas diga digamos digáis digan	 di diga digamos decid digan	 no digas no diga no digamos no digáis no digan
8. dormir durmiendo dormido	duermo duermes duerme dormimos dormís duermen	duerma duermas duerma durmamos durmáis duerman	 duerme duerma durmamos dormid duerman	 no duermas no duerma no durmamos no durmáis no duerman
9. entender entendiendo entendido	entiendo entiendes entiende entendemos entendéis entienden	entienda entiendas entienda entendamos entendáis entiendan	 entiende entienda entendamos entended entiendan	 no entiendas no entienda no entendamos no entendáis no entiendan
10. estar estando estado	estoy estás está estamos estáis están	esté estés esté estemos estéis estén	 está esté estemos estad estén	 no estés no esté no estemos no estéis no estén

Indicativo Pretérito	Subjuntivo Imperfecto	Indicativo Futuro	Indicativo Condicional simple
conté	contara (contase)	contaré	contaría
contaste	contaras (-ses)	contarás	contarías
contó	contara (-se)	contará	contaría
contamos	contáramos (-semos)	contaremos	contaríamos
contasteis	contarais (-seis)	contaréis	contaríais
contaron	contaran (-sen)	contarán	contarían
di	diera (diese)	daré	daría
diste	dieras (-ses)	darás	darías
dio	diera (-se)	dará	daría
dimos	diéramos (-semos)	daremos	daríamos
disteis	dierais (-seis)	daréis	daríais
dieron	dieran (-sen)	darán	darían
dije	dijera (dijese)	diré	diría
dijiste	dijeras (-ses)	dirás	dirías
dijo	dijera (-se)	dirá	diría
dijimos	dijéramos (-semos)	diremos	diríamos
dijisteis	dijerais (-seis)	diréis	diríais
dijeron	dijeran (-sen)	dirán	dirían
dormí	durmiera (durmiese)	dormiré	dormiría
dormiste	durmieras (-ses)	dormirás	dormirías
durmió	durmiera (-se)	dormirá	dormiría
dormimos	durmiéramos (-semos)	dormiremos	dormiríamos
dormisteis	durmierais (-seis)	dormiréis	dormiríais
durmieron	durmieran (-sen)	dormirán	dormirían
entendí	entendiera (entendiese)	entenderé	entendería
entendiste	entendieras (-ses)	entenderás	entenderías
entendió	entendiera (-se)	entenderá	entendería
entendimos	entendiéramos (-semos)	entenderemos	entenderíamos
entendisteis	entendierais (-seis)	entenderéis	entenderías
entendieron	entendieran (-sen)	entenderán	entenderían
estuve	estuviera (estuviese)	estaré	estaría
estuviste	estuvieras (-ses)	estarás	estarías
estuvo	estuviera (-se)	estará	estaría
estuvimos	estuviéramos (-semos)	estaremos	estaríamos
estuvisteis	estuvierais (-seis)	estaréis	estaríais
estuvieron	estuvieran (-sen)	estarán	estarían

Infinitivo *Gerundio* *Participio* *pasado*	*Indicativo* *Presente*	*Subjuntivo* *Presente*	*Imperativo* *Afirmativo*	*Negativo*
11. haber habiendo habido	he has ha hemos habéis han	haya hayas haya hayamos hayáis hayan		
12. hacer haciendo hecho	hago haces hace hacemos hacéis hacen	haga hagas haga hagamos hagáis hagan	 haz haga hagamos haced hagan	 no hagas no haga no hagamos no hagáis no hagan
13. huir huyendo huido	huyo huyes huye huimos huís huyen	huya huyas huya huyamos huyáis huyan	 huye huya huyamos huid huyan	 no huyas no huya no huyamos no huyáis no huyan
14. ir yendo ido	voy vas va vamos vais van	vaya vayas vaya vayamos vayáis vayan	 ve vaya vayamos id vayan	 no vayas no vaya no vayamos no vayáis no vayan
15. lucir luciendo lucido	luzco luces luce lucimos lucís lucen	luzca luzcas luzca luzcamos luzcáis luzcan	 luzca luzca luzcamos lucid luzcan	 no luzcas no luzca no luzcamos no luzcáis no luzcan
16. mentir mintiendo mentido	miento mientes miente mentimos mentís mienten	mienta mientas mienta mintamos mintáis mientan	 miente mienta mintamos mentid mientan	 no mientas no mienta no mintamos no mintáis no mientan

Indicativo Pretérito	Subjuntivo Imperfecto	Futuro	Indicativo Condicional simple
hube	hubiera (hubiese)	habré	habría
hubiste	hubieras (-ses)	habrás	habrías
hubo	hubiera (-se)	habrá	habría
hubimos	hubiéramos (-semos)	habremos	habríamos
hubisteis	hubierais (-seis)	habréis	habríais
hubieron	hubieran (-sen)	habrán	habrían
hice	hiciera (hiciese)	haré	haría
hiciste	hicieras (-ses)	harás	harías
hizo	hiciera (-se)	hará	haría
hicimos	hiciéramos (-semos)	haremos	haríamos
hicisteis	hicierais (-seis)	haréis	haríais
hicieron	hicieran (-sen)	harán	harían
huí	huyera (huyese)	huiré	huiría
huiste	huyeras (-ses)	huirás	hurías
huyó	huyera (-se)	huirá	huiría
huimos	huyéramos (-semos)	huiremos	huiríamos
huisteis	huyerais (-seis)	huiréis	huiríais
huyeron	huyeran (-sen)	huirán	huirían
fuí	fuera (fuese)	iré	iría
fuiste	fueras (-ses)	irás	irías
fue	fuera (-se)	irá	iría
fuimos	fuéramos (-semos)	iremos	iríamos
fuisteis	fuerais (-seis)	iréis	irías
fueron	fueran (-sen)	irán	irían
lucí	luciera (luciese)	luciré	luciría
luciste	lucieras (-ses)	lucirás	lucirías
lució	luciera (-se)	lucirás	luciría
lucimos	luciéramos (-semos)	luciremos	luciríamos
lucisteis	lucierais (-seis)	luciréis	luciríais
lucieron	lucieran (-sen)	lucirán	lucirían
mentí	mintiera (mintiese)	mentiré	mentiría
mentiste	mintieras (-ses)	mentirás	mentirías
mintió	mintiera (-se)	mentirá	mentiría
mentimos	mintiéramos (-semos)	mentiremos	mentiríamos
mentisteis	mintierais (-seis)	mentiréis	mentiríais
mintieron	mintieran (-sen)	mentirán	mentirían

Infinitivo *Gerundio* *Participio* *pasado*	*Indicativo* *Presente*	*Subjuntivo* *Presente*	*Imperativo* Afirmativo	*Negativo*
17. oír	oigo	oiga		
oyendo	oyes	oigas	oye	no oigas
oído	oye	oiga	oiga	no oiga
	oímos	oigamos	oigamos	no oigamos
	oís	oigáis	oíd	no oigáis
	oyen	oigan	oigan	no oigan
18. pedir	pido	pida		
pidiendo	pides	pidas	pide	no pidas
pedido	pide	pida	pida	no pida
	pedimos	pidamos	pidamos	no pidamos
	pedís	pidáis	pedid	no pidáis
	piden	pidan	pidan	no pidan
19. pensar	pienso	piense		
pensando	piensas	pienses	piensa	no pienses
pensado	piensa	piense	piense	no piense
	pensamos	pensemos	pensemos	no pensemos
	pensáis	penséis	pensad	no penséis
	piensan	piensen	piensen	no piensen
20. poder	puedo	pueda		
pudiendo	puedes	puedas	puede	no puedas
podido	puede	pueda	pueda	no pueda
	podemos	podamos	podamos	no podamos
	podéis	podáis	poded	no podáis
	pueden	puedan	puedan	no puedan
21. poner	pongo	ponga		
poniendo	pones	pongas	pon	no pongas
puesto	pone	ponga	ponga	no ponga
	ponemos	pongamos	pongamos	no pongamos
	ponéis	pongáis	poned	no pongáis
	ponen	pongan	pongan	no pongan
22. querer	quiero	quiera		
queriendo	quieres	quieras	quiere	no quieras
querido	quiere	quiera	quiera	no quiera
	queremos	queramos	queramos	no queramos
	queréis	queráis	quered	no queráis
	quieren	quieran	quieran	no quieran

Indicativo Pretérito	Subjuntivo Imperfecto	Indicativo Futuro	Indicativo Condicional simple
oí	oyera (oyese)	oiré	oiría
oíste	oyeras (-ses)	oirás	oirías
oyó	oyera (-se)	oirá	oiría
oímos	oyéramos (-semos)	oiremos	oiríamos
oísteis	oyerais (-seis)	oiréis	oiríais
oyeron	oyeran (-sen)	oirán	oirían
pedí	pidiera (pidiese)	pediré	pediría
pediste	pidieras (-ses)	pedirás	pedirías
pidió	pidiera (-se)	pedirá	pediría
pedimos	pidiéramos (-semos)	pediremos	pediríamos
pedisteis	pidierais (-seis)	pediréis	pediríais
pidieron	pidieran (-sen)	pedirán	pedirían
pensé	pensara (pensase)	pensaré	pensaría
pensaste	pensaras (-ses)	pensarás	pensarías
pensó	pensara (-se)	pensará	pensaría
pensamos	pensáramos (-semos)	pensaremos	pensaríamos
pensasteis	pensarais (-seis)	pensaréis	pensaríais
pensaron	pensaran (-sen)	pensarán	pensarían
pude	pudiera (pudiese)	podré	podría
pudiste	pudieras (-ses)	podrás	podrías
pudo	pudiera (-se)	podrá	podría
pudimos	pudiéramos (-semos)	podremos	podríamos
pudisteis	pudierais (-seis)	podréis	podríais
pudieron	pudieran (-sen)	podrán	podrían
puse	pusiera (pusiese)	pondré	pondría
pusiste	pusieras (-ses)	pondrás	pondrías
puso	pusiera (-se)	pondrá	pondría
pusimos	pusiéramos (-semos)	pondremos	pondríamos
pusisteis	pusierais (-seis)	pondréis	pondríais
pusieron	pusieran (-sen)	pondrán	pondrían
quise	quisiera (quisiese)	querré	querría
quisiste	quisieras (-ses)	querrás	querrías
quiso	quisiera (-se)	querrá	querría
quisimos	quisiéramos (-semos)	querremos	querríamos
quisisteis	quisierais (-seis)	querréis	querríais
quisieron	quisieran (-sen)	querrán	querrían

Infinitivo *Gerundio* *Participio pasado*	*Indicativo Presente*	*Subjuntivo Presente*	*Imperativo Afirmativo*	*Negativo*
23. saber sabiendo sabido	sé sabes sabe sabemos sabéis saben	sepa sepas sepa sepamos sepáis sepan	sabe sepa sepamos sabed sepan	no sepas no sepa no sepamos no sepáis no sepan
24. salir saliendo salido	salgo sales sale salimos salís salen	salga salgas salga salgamos salgáis salgan	sal salga salgamos salid salgan	no salgas no salga no salgamos no salgáis no salgan
25. ser siendo sido	soy eres es somos sois son	sea seas sea seamos seáis sean	sé sea seamos sed sean	no seas no sea no seamos no seáis no sean
26. tener teniendo tenido	tengo tienes tiene tenemos tenéis tienen	tenga tengas tenga tengamos tengáis tengan	ten tenga tengamos tened tengan	no tengas no tenga no tengamos tengáis no tengan
27. traer trayendo traído	traigo traes trae traemos traéis traen	traiga traigas traiga traigamos traigáis traigan	trae traiga traigamos traed traigan	no traigas no traiga no traigamos no traigáis no traigan
28. venir viniendo venido	vengo vienes viene venimos venís vienen	venga vengas venga vengamos vengáis vengan	ven venga vengamos venid vengan	no vengas no venga no vengamos no vengáis no vengan

Indicativo Pretérito	Subjuntivo Imperfecto	Futuro	Indicativo Condicional simple
supe	supiera (supiese)	sabré	sabría
supiste	supieras (-ses)	sabrás	sabrías
supo	supiera (-se)	sabrá	sabría
supimos	supiéramos (-semos)	sabremos	sabríamos
supisteis	supierais (-seis)	sabréis	sabrías
supieron	supieran (-sen)	sabrán	sabrían
salí	saliera (saliese)	saldré	saldría
saliste	salieras (-ses)	saldrás	saldrías
salió	saliera (-se)	saldrá	saldría
salimos	saliéramos (-semos)	saldremos	saldríamos
salisteis	salierais (-seis)	saldréis	saldríais
salieron	salieran (-sen)	saldrán	saldrían
fui	fuera (fuese)	seré	sería
fuiste	fueras (-ses)	serás	serías
fue	fuera (-se)	será	sería
fuimos	fuéramos (-semos)	seremos	seríamos
fuisteis	fuerais (-seis)	seréis	seríais
fueron	fueran (-sen)	serán	serían
tuve	tuviera (tuviese)	tendré	tendría
tuviste	tuvieras (-ses)	tendrás	tendrías
tuvo	tuviera (-se)	tendrá	tendría
tuvimos	tuviéramos (-semos)	tendremos	tendríamos
tuvisteis	tuvierais (-seis)	tendréis	tendríais
tuvieron	tuvieran (-sen)	tendrán	tendrían
traje	trajera (trajese)	traeré	traería
trajiste	trajeras (-ses)	traerás	traerías
trajo	trajera (-se)	traerá	traería
trajimos	trajéramos (-semos)	traeremos	traeríamos
trajisteis	trajerais (-seis)	traeréis	traeríais
trajeron	trajeran (-sen)	traerán	traerían
vine	viniera (viniese)	vendré	vendría
viniste	vinieras (-ses)	vendrás	vendrías
vino	viniera (-se)	vendrá	vendría
vinimos	viniéramos (-semos)	vendremos	vendríamos
vinisteis	vinierais (-seis)	vendréis	vendrías
vinieron	vinieran (-sen)	vendrán	vendrían

Infinitivo *Gerundio* *Participio* *pasado*	Indicativo Presente	Subjuntivo Presente	Imperativo Afirmativo	Negativo
29. ver	veo	vea		
viendo	ves	veas	ve	no veas
visto	ve	vea	vea	no vea
	vemos	veamos	veamos	no veamos
	veis	veáis	ved	no veáis
	ven	vean	vean	no vean
30. volver	vuelvo	vuelva		
volviendo	vuelves	vuelvas	vuelve	no vuelvas
vuelto	vuelve	vuelva	vuelva	no vuelva
	volvemos	volvamos	volvamos	no volvamos
	volvéis	volváis	volved	no volváis
	vuelven	vuelvan	vuelvan	no vuelvan

Indicativo *Pretérito*	*Subjuntivo* *Imperfecto*	*Futuro*	*Indicativo* *Condicional* *simple*
vi	viera (viese)	veré	vería
viste	vieras (-ses)	verás	verías
vio	viera (-se)	verá	vería
vimos	viéramos (-semos)	veremos	veríamos
visteis	vierais (-seis)	veréis	veríais
vieron	vieran (-sen)	verán	verían
volví	volviera (volviese)	volveré	volvería
volviste	volvieras (-ses)	volverás	volverías
volvió	volviera (-se)	volverá	volvería
volvimos	volviéramos (-semos)	volveremos	volveríamos
volvisteis	volvierais (-seis)	volveréis	volveríais
volvieron	volvieran (-sen)	volverán	volverían

Answer all parts of this examination.

Part 1

Directions (1–15): Listen to your teacher read twice in succession a question and passage in Spanish. Then the teacher will pause while you write, in the space provided in the separate answer booklet, the *number* of the best suggested answer to the question. Base your answers *on the content of the passage, only.*   [30]

1 ¿Qué va a hacer el jugador Pelé?

  1 volver a jugar el fútbol profesional
  2 actuar en una película
  3 visitar un campo de concentración
  4 enseñar su deporte a los soldados alemanes

2 ¿Por qué se dio este aviso?

  1 para educar a los ciudadanos
  2 para mejorar la apariencia de la ciudad
  3 para reducir la posibilidad de enfermedades
  4 para quitar a los vendedores ambulantes de las calles

3 ¿Qué se está describiendo?

  1 las actividades del día de alguna persona
  2 un día común de un estudiante
  3 la práctica de tenis de un campeón
  4 la casa inolvidable de Rosa María

4 ¿Cómo son las personas cuyo color favorito es el amarillo?

  1 Les gusta confiar en los otros.
  2 Son alegres pero celosas.
  3 Les gusta ahorrar su dinero.
  4 Son muy ambiciosas.

5 ¿Qué necesita este hombre para ir a Madrid?

  1 dinero   3 ropa
  2 vacaciones   4 trabajo

6 ¿De qué trata este anuncio?

  1 de los platos para servir comida
  2 de la ropa para la vida moderna
  3 de las tazas para café
  4 de los vasos para las bebidas

7 ¿Qué clase de problemas podrán tener los capricornios hoy?

  1 de salud   3 del tiempo
  2 de amor   4 del automóvil

8 ¿Cómo ayudó Diana Hyland a John Travolta?

  1 ofreciéndole mucho dinero
  2 trabajando con él en una película
  3 dándole confianza
  4 sirviendo de agente en su carrera

9 ¿Por qué honran a Salvador Dalí en el museo de Figueras?

  1 porque mucha gente ha visitado el museo
  2 porque varios pintores exhibieron sus cuadros allí
  3 porque la familia Figueras fundó el museo
  4 porque unos alumnos se reunieron en este lugar

10 ¿Qué dijo el cantante Raphael sobre su futuro?

  1 No deseaba aparecer más ante el público.
  2 Estaba planeando una serie de conciertos en Sud América.
  3 Pronto dejaría de cantar y entraría en el mundo de la política.
  4 Pensaba seguir cantando por no tener otra alternativa.

11 ¿Cuál fue el propósito del mensaje que encontraron?

  1 continuar la investigación de la pérdida de los pescadores
  2 identificar a los pescadores perdidos
  3 eliminar las esperanzas de los familiares de los pescadores
  4 frustrar los esfuerzos por salvar a las víctimas

12 ¿Por qué es de tanta importancia el puente?

   1 La gente no puede ir al mercado.
   2 El comercio ha disminuido.
   3 Los residentes necesitan servicio médico.
   4 Los trabajadores no tienen empleo.

13 ¿Qué acaban de construir?

   1 una tienda moderna
   2 una residencia para perros
   3 un hospital para niños
   4 un restaurante elegante

14 ¿Cuál fue la causa de la muerte de Murillo?

   1 una operación   3 un ataque
   2 la vejez   4 un accidente

15 Según los periódicos, ¿por qué ocurrió este accidente?

   1 porque la estación estaba a 20 kilómetros
   2 porque los pasajeros estaban peleando
   3 porque los frenos estaban en malas condiciones
   4 porque las luces estaban apagadas

Part 2

a   *Directions* (16–20): Listen to your teacher read twice in succession the setting of a dialogue in Spanish. Then the teacher will read aloud twice a line of the dialogue. Immediately after the second reading of each line of the dialogue in Spanish, you will hear instructions in English telling you how to respond in Spanish. (You will find the same instructions in English in this test booklet.) Then the teacher will pause while you write an appropriate response in Spanish.

Sentence fragments as well as complete sentences in Spanish will be acceptable, but *only* if they are in keeping with the instructions. Numerals are *not* acceptable. If the response to the dialogue line includes a date, time, amount of money, number, etc., *write out* the number.

You may write your responses on scrap paper and transfer them later to the answer booklet.   [5]

   The instructions for responding to dialogue lines 16 through 20 are as follows:

   16 Show your pleasure.
   17 Tell why you can't.
   18 Show your surprise.
   19 Suggest something.
   20 Offer your help.

b   *Directions* (21–25): Listen to your teacher read twice in succession a situation in Spanish. Then the teacher will pause while you write in Spanish an appropriate response to the situation. Assume that in each situation you are communicating with persons who speak Spanish.

Sentence fragments as well as complete sentences, questions, or commands in Spanish will be acceptable, but *only* if they are in keeping with the situation. Numerals are *not* acceptable. If the response includes a date, time, amount of money, number, etc., *write out* the number. Each response may be used only once.

You may write your responses on scrap paper and transfer them later to the answer booklet.   [5]

Part 3

Answer all questions in Part 3 according to the directions for *a*, *b*, and *c*.   [30]

a   *Directions* (26–30): Below the following passage, there are five questions or incomplete statements. For *each*, choose the word or expression that best answers the question or completes the statement *according to the meaning of the passage,* and write its *number* in the space provided in the answer booklet.

El archipiélago canario está compuesto de siete islas, divididas en dos provincias; la de Santa Cruz de Tenerife, formada por las islas de la Palma, Gomera, Hierro y Tenerife, y la provincia de las Palmas de Gran Canaria, que consiste en las islas de Lanzarote, Fuerteventura y Gran Canaria. Además de estas siete islas mayores, existen algunos pintorescos islotes, en donde la población es eminentemente pescadora.

Tenerife, con 2.053 kilómetros cuadrados, 237 kilómetros de perímetro y aproximadamente 500.000 habitantes, es la isla más extensa del archipiélago. Hay dos maneras de llegar a la isla de Tenerife desde la península, una por barco, con llegada al muelle de Santa Cruz y otra por avión, en donde el primer contacto es el aeropuerto de los Rodeos.

Todas las islas están bien comunicadas por servicios aéreos y marítimos. Si la visita a estas islas es breve, no vale la pena transportar el vehículo propio desde la península. Es más cómodo y económico alquilar un coche o una moto, para viajar por la isla. Esto es indispensable, ya que el sistema de transportes no es ni amplio, ni bueno.

En Santa Cruz de Tenerife se pueden hacer las compras. El comercio "indio" ofrece gran variedad de maquinaria importada, a buenos precios . . . siempre y cuando el comprador sepa bien lo que compra. Lo mismo ocurre con las piedras preciosas, sedas, pieles, porcelanas, objetos de arte y otros muchos artículos. En ocasiones, la diferencia de precios no es tan espectacular. Es preferible viajar por la isla después de pasar algún tiempo en las tiendas.

El centro de la ciudad lo constituye la Plaza de España, situada al borde del mar, muy cerca del puerto. Aquí se encuentran el Monumento a los Caídos, los edificios de Correos y Telégrafos y el Palacio del Cabildo Insular.

26 ¿Qué son Gomera y Lanzarote?

   1 islas canarias
   2 provincias españolas
   3 ciudades pintorescas
   4 puertos importantes

27 ¿Dónde se encuentra el aeropuerto de Rodeos?

   1 en la provincia de las Palmas
   2 en Gran Canaria
   3 en la Isla de Tenerife
   4 cerca de un pueblo de pescadores

28 ¿Cuál es el mejor medio de transporte dentro de las islas?

   1 el autobús   3 el coche alquilado
   2 el barco grande   4 el tren rápido

29 ¿Cuándo es mejor viajar por la isla?

   1 el día de la llegada
   2 antes de visitar las tiendas
   3 durante los días de ventas especiales
   4 después de hacer compras

30 ¿Por qué es importante la Plaza de España?

   1 Ofrece una hermosa vista de la ciudad.
   2 Tiene algunos lugares de interés.
   3 Tiene unas calles muy antiguas.
   4 En ella hay varias industrias.

218

31   Los días azules de Renfe

A lo largo del año, Renfe le ofrece muchas ofertas para viajar por menos dinero.
Los DIAS AZULES de RENFE son aquéllos en los que usted puede viajar
con descuentos importantes.

¡Y hay 306 DIAS AZULES en 1983!

Prepare con tiempo sus viajes y hágalos coincidir con los DIAS AZULES para
conseguir reducciones como éstas:

- En viajes familiares, 50% de descuento, para niños de 7 a 14 años.
- Para viajeros mayores de 65 años o pensionistas, 50% de descuento.
- Para billetes de ida y vuelta, 25% de descuento.
- Para grupos en viaje sencillo, a partir de 10 viajeros, 20% de descuento.
- Para grupos en viaje sencillo, a partir de 25 viajeros, 25% de descuento.
- Para grupos en viajes de ida y vuelta, el 30%.
- Diferentes reducciones en los viajes Madrid-Barcelona y v/v.
- Viajes con su mujer en coche-cama.
- Para asistentes a Ferias, Congresos y similares, 25% de descuento.
- Servicio de Auto-Expreso para llevar su coche: diferentes descuentos,
  hasta su gratuidad.
- Sobre otras ofertas, consulte a Renfe o a las Agencias de Viajes.

31   Los viajes durante los días azules son más

1 cómodos		3 económicos
2 rápidos		4 cortos

---

32   El plátano da una nota original en los platos más corrientes. Es un excelente acompañamiento para las carnes llamadas blancas: ternera, cerdo y pollo. Les da también mejor sabor a los pescados cocidos. Es muy fácil cocer los plátanos. Se ponen los plátanos enteros, sin pelar, en agua fría salada por diez minutos. Entonces se pelan y se incorporan al plato ya preparado. También se pueden freír en una sartén y servir "a la cubana" con huevos fritos y arroz blanco. Otra posibilidad es asarlos al horno durante diez minutos.

32   ¿Qué se aprende de este artículo?

    1   cómo cultivar plátanos
    2   cómo preparar plátanos de maneras diferentes
    3   cómo pelar plátanos
    4   cómo cocinar las carnes blancas

---

33   Empresa en expansión necesita cubrir varios puestos de agentes de ambos sexos en la provincia de Madrid y zona. Se requiere buena presencia, experiencia como vendedores, servicio militar cumplido, 22 a 40 años, dedicación completa. Se ofrece incorporación en plantilla, incentivos fijos y excelentes comisiones, premios por producciones máximas. Producto en exclusiva, buen ambiente de trabajo, muchas posibilidades de promoción, asistencia sanitaria, interesados: llamar 4686435, de 9 a 1,30 y de 4,30 a 8. Preguntar por la señorita Rodero.

33   Según este anuncio hay trabajo para

    1 personas mayores de edad
    2 hombres solamente
    3 mujeres sin hijos
    4 personas con ciertos requisitos

---

34   "Los accidentes de tráfico cuestan anualmente a España cien mil millones de pesetas". Con estas palabras ha comenzado la Campaña Nacional para la utilización del cinturón de seguridad. El uso del cinturón por todos los automovilistas reduciría el número de muertos en accidentes en un 50 por ciento y evitaría en gran parte, las deformidades producidas por los mismos.

34   ¿Cuál es el propósito de esta campaña?

    1 bajar el número de heridas y muertes
    2 regular el sistema de tráfico en España
    3 mejorar las condiciones de las carreteras
    4 reducir el número de automóviles en los caminos

---

35   Nació hace dos años y todavía no tiene nombre de pila. De momento lo llaman con un número, en este caso concreto, el 73-30. Sería muy triste que llegara a su mayoría de edad así.

    El padre del muchacho quería que se inscribiera en el Registro Civil con el nombre de "Che" por aquello de Ernesto Guevara. Y el juez dijo que no, que no sabía lo que era "Che". Y así llevan discutiendo el padre de la criatura y el juez nada menos que dos años.

35   ¿Qué le falta a este niño?

    1 un número
    2 un padre
    3 un nombre
    4 un juez

---

c *Directions* (36–40): In the following passage there are five blank spaces numbered 36 through 40. Each blank space represents a missing word or expression. For each blank space, four possible completions are provided. Only one of them makes sense *in the context of the passage.*

First, read the passage in its entirety to determine its general meaning. Then read it a second time. For each blank space, choose the completion that makes the best sense and write its *number* in the space provided in the answer booklet.

Miguel Ríos tenía quince años; era un chico normal
y corriente, y ___(36)___ 320 pesetas al mes trabajando en
una tienda de tejidos. Todo iba bien hasta el día en
que al dueño se le ocurrió abrir una pequeña sección
de discos. Y ahí empezó todo. El joven dependiente
vio, oyó y se convenció: Elvis Presley, Roy Orbison,
discos hechos en América, rock y roll, ritmo,
movimiento. A partir de aquel día, Miguel Ríos quiso
ser ___(37)___ .

Pasaron más de diez años y Miguel Ríos, que se
había llamado "Mike" durante un tiempo para
acomodarse mejor a su estilo ___(38)___ , estaba ahora
sentado junto al célebre presentador Johnny Carson, en
el show Tonight. No por nada, sino porque había
llegado al número cuatro de las listas de discos más
vendidos en los Estados Unidos con la versión en
inglés de su Himno a la Alegría.

Miguel ___(39)___ en todo el mundo unos siete millones
de discos del Himno. Ningún otro cantante español lo
había hecho hasta entonces, y ninguno lo ha hecho
después con una sola ___(40)___ .

(36) 1 encontraba   3 ganaba
     2 gastaba   4 robaba

(37) 1 cantante   3 dueño
     2 cómico   4 bailarín

(38) 1 formal   3 literario
     2 tradicional   4 musical

(39) 1 pidió   3 perdió
     2 vendió   4 rompió

(40) 1 llamada   3 visita
     2 canción   4 palabra

Part 4

Directions: In the answer booklet, write *two* well-organized compositions in Spanish as directed below. [20]

Choose TWO of the three topics, (*A, B, C*). Be sure to follow the specific instructions for each topic you select. In the spaces provided in your answer booklet, identify the topics by their letters (*A, B, C*).

For *each* of the two topics you choose, write a well-organized composition of at least 10 clauses. To qualify for credit, a clause must contain a verb, a stated or implied subject, and additional words necessary to convey meaning. The 10 clauses may be contained in fewer than 10 sentences if some of the sentences have more than one clause.

> *Examples:*
>
> | | |
> |---|---|
> | *One clause:* | Tomé un taxi al aeropuerto. |
> | *Two clauses:* | Tomé un taxi al aeropuerto, y saludé a mi amigo. |
> | *Three clauses:* | Tomé un taxi al aeropuerto, y saludé a mi amigo que llegaba del Perú. |

Topic A: In Spanish, write a STORY about the situation shown in the picture below. Do *not* merely describe the picture.

Topic B: The members of the Spanish Club at your school would like to have a party to celebrate the birthday of a foreign exchange student from Colombia. Write a letter in Spanish trying to convince the adviser to give permission for the club to organize the party at school.

You <u>must</u> accomplish the purpose of the letter which is *to convince the adviser to give permission to organize the party at school.*

After you have explained why you are writing this letter, you may want to mention: date, time, and location of party; how long it would last; need for a particular room; who would be invited; entertainment; refreshments; the fun it would be for club members; significance it would have for the exchange student; the interest it would generate in Spanish Club activities; plans for cleanup; appreciation of adviser's help.

You may use any or all of the ideas suggested above *or* you may use your own ideas. **Either way, you must explain the situation well enough for the reader to be able to give you an answer.**

Use the following:

Dateline:	22 de junio de 1983
Salutation:	Estimado(a) señor(a)
Closing:	De usted respetuosamente,

Topic C: An advertisement in a Spanish language magazine offers people who are learning Spanish a series of records to help them speak the language more fluently. Write a letter in Spanish to the representative identified in the advertisement requesting some information about the series of records.

You <u>must</u> accomplish the purpose of the letter which is *to get some information about the series of records.*

After you have provided sufficient background information (who you are, what you want, where you saw the advertisement), you may want to inquire about: cost of records; number of records involved; amount of time needed for the course; any books or other materials needed; possibility of ordering just part of the series; how long it takes to receive the records; how the records will be delivered.

You may use any or all of the ideas suggested above *or* you may use your own ideas. **Either way, you must explain the situation well enough for the reader to be able to give you an answer.**

Use the following:

Dateline:	22 de junio de 1983
Salutation:	Estimada Srta. Huerta,
Closing:	Atentamente,

Teacher Dictation Copy
COMPREHENSIVE EXAMINATION
IN SPANISH

S

Wednesday, June 22, 1983—9:15 a.m. to 12:15 p.m., only

General Directions to the Teacher:

Before the start of the examination period, distribute one examination booklet, *face up*, to each student. When each student has received a booklet, tell the students to open it and carefully remove the answer booklet, which is stapled in the center. Then tell the students to close the examination booklet and fill in the heading on the front of the answer booklet.

After each student has filled in the heading of the answer booklet, begin the examination by following the directions for Part 1, as given below.

Part 1

Directions to the Teacher:

Instruct students to read the directions to Part 1.

After students have read and understood the directions, administer Part 1 as follows:

Read the first question and passage aloud in Spanish at normal speed. Immediately thereafter, repeat the reading of the question and passage *once*. Pause for not more than *one minute* to allow students to read the question in the examination booklet and to select the best suggested answer. Then proceed to the next question and passage and administer them in the same manner.

To begin, say, **"I will now read to you, in Spanish, a series of fifteen passages. Before reading each passage, I will read a question in Spanish. Listen carefully to the question and to the reading of the passage, with the special purpose of determining the answer to that question. I will repeat the reading of the question and the passage** *once* **immediately after my first reading. There will be no other repetitions.**

At the end of each passage, I will pause for not more than one minute, to allow you to read silently in our examination booklet the question that I have read aloud and to select the best suggested answer to that question. Write the number of your choice in the separate answer booklet in the space provided. *Do not read the question or the suggested answers while I am reading the passage.* **Remember to listen carefully to the passage so that you will be able to select the best of the suggested answers. I will now read the first question."**

1   ¿Qué va a hacer el jugador Pelé?
    El famoso futbolista brasileño Pelé participará en una película norteamericana dirigida por John Huston, que comenzará a rodarse a fines del presente mes en Hungría.
    La acción de la película es en un campo de concentración nazi. Un partido de fútbol entre los prisioneros y los soldados alemanes tiene un papel decisivo en la acción del film.

2   ¿Por qué se dio este aviso?

El Presidente de la Comisión de Higiene Municipal alertó ayer a la ciudadanía y de manera especial a los estudiantes. Estos deben abstenerse de consumir comidas preparadas y refrescos en la vía pública o en lugares con deplorables condiciones de higiene. Así evitarán el contagio de infecciones gastrointestinales.

3   ¿Qué se está describiendo?

Me levanté temprano y fui a jugar al tenis. Al mediodía nadé en la piscina del club y descansé bajo el sol. Por la noche la reunión en casa de Rosa María fue inolvidable . . . Cocinamos, cantamos, bailamos y paseamos románticamente bajo la lluvia. Me acosté después de la medianoche.

4   ¿Cómo son las personas cuyo color favorito es el amarillo?

El amarillo es el color del ámbar, del oro, del sol. Las personas a quienes les gusta este color son de temperamento alegre dadas a gastar en lujos y vanidades. Entre sus características negativas se encuentran la desconfianza y la falta de sinceridad hacia los demás. En el amor son cariñosas pero sienten celos por el menor motivo.

5   ¿Qué necesita este hombre para ir a Madrid?

El mecánico Mariano Oviedo ganó el gordo de la lotería de España, cerca de 19 millones de pesetas, y tiene que ir a Madrid para obtener su premio. Mariano tiene 37 años y es padre de siete hijos. Ahora está tratando de reunir los fondos necesarios para hacer el viaje.

6   ¿De qué trata este anuncio?

Hoy en día hay copas especiales para todas las bebidas que usted se pueda imaginar. Nosotros le mostramos algunas y le decimos el uso apropiado de cada una. De esta manera usted podrá servir a sus invitados usando la copa correcta para cada ocasión.

7   ¿Qué clase de problemas podrán tener los capricornios hoy?

El horóscopo de Capricornio para el día de hoy dice: Si piensa ir de excursión, revise bien su vehículo antes de comenzar el viaje. Podría tener serias dificultades mecánicas que pueden ser evitadas con anticipación.

8   ¿Cómo ayudó Diana Hyland a John Travolta?

Cuando John Travolta era un joven actor no muy conocido encontró a una mujer que transformó su vida: Diana Hyland. Ella fue quien le dio seguridad en sí mismo y quien le ayudó a hacerse famoso en su carrera. Entre ambos nació una gran amistad.

9   ¿Por qué honran a Salvador Dalí en el museo de Figueras?

El próximo mes de septiembre el pintor Salvador Dalí asistirá a un acto en su honor. Esta función se celebrará en su museo de Figueras porque más de un millón de personas han visitado este lugar durante el año.

10   ¿Qué dijo el cantante Raphael sobre su futuro?

Al contestar una pregunta sobre su posible retiro del ambiente artístico, Raphael repitió: No podría abandonar mi carrera ya que no sé hacer otra cosa; sería imposible el pensar que podría abandonar mis canciones, mi profesión y mi público.

11   ¿Cuál fue el propósito del mensaje que encontraron?

Ayer en la playa de San Antonio se encontró un mensaje en el interior de una botella. Se creía que este mensaje venía de los pescadores que desaparecieron en el mar hace cien días. Pero la realidad es que los familiares de los desaparecidos escribieron esto para que se reabriera la investigación.

12 ¿Por qué es de tanta importancia el puente?

Hace tres años, se cayó el único puente que unía a gran número de residentes de la comuna de Renca, con el hospital Félix Bulnes. El problema continúa siendo muy serio, sobre todo en las noches, en casos de emergencia. Los habitantes insisten en la construcción del puente ofreciendo su colaboración y solicitando al mismo tiempo la ayuda de los comerciantes.

13 ¿Qué acaban de construir?

Existían ya en Norteamérica tiendas, restaurantes y hospitales para perros. Algunos hospitales para perros son mejores que los que existen para los seres humanos. Ahora acaba de inaugurarse una casa de campo en que todo estará al servicio del mejor amigo del hombre.

14 ¿Cuál fue la causa de la muerte de Murillo?

Murillo, el famoso pintor español, cuando estaba pintando el altar mayor de la iglesia de los Capuchinos, se cayó de un andamio. A consecuencia de esta caída murió en Sevilla, en el famoso barrio de Santa Cruz.

15 Según los periódicos, ¿por qué ocurrió este accidente?

Nueve personas murieron y 67 resultaron heridas al chocar dos trenes suburbanos en una estación a unos 20 kilómetros al norte de Río de Janeiro.

Se formó una comisión para investigar las causas del accidente y nadie quería comentar versiones de los periódicos de que uno de los trenes tenía un defecto en su sistema de frenos.

Part 2

a **Directions to the Teacher:**

Instruct students to read the directions to Part 2a.

After students have read and understood the directions, administer Part 2a as follows:

Read the setting *twice in succession.*
Read the first dialogue line *twice in succession* with a brief pause (approximately 5 seconds) between each reading. Then read the appropriate instruction line in English *once.* Pause while students write a response. Then proceed to the next dialogue line and administer it in the same manner.

To begin, say, **"I will now read Part 2a, which consists of a setting in Spanish, five dialogue lines in Spanish, and instructions in English for each dialogue line. You may write your responses on scrap paper and transfer them later to the answer booklet."**

Miguel habla con Ud. de sus amigos mexicanos que han venido a visitarlo.

16 Miguel: Ya han llegado mis amigos de México. Quiero que Ud. los conozca.
          (Show your pleasure.)

17 Miguel: ¿Puede Ud. verlos mañana?
          (Tell why you can't.)

18 Miguel: Ellos llegaron en autobús de México.
          (Show your surprise.)

19 Miguel: ¿Qué cosas interesantes deberían ver en el estado de Nueva York?
(Suggest something.)

20 Miguel: Pensamos llevarlos a las tiendas esta tarde.
(Offer your help.)

b **Directions to the Teacher:**

Instruct students to read the directions to Part 2b.

After students have read and understood the directions, administer Part 2b as follows:

Read the first situation *twice in succession* with a brief pause (approximately 5 seconds) between each reading. Pause while students write a response. Then proceed to the next situation and administer it in the same manner.

To begin, say, **"I will now read Part 2b, which consists of five situations in Spanish. Assume that in each situation you are communicating with persons who speak Spanish. After the second reading of each situation, write an appropriate response in Spanish. You may write your responses on scrap paper and transfer them later to the answer booklet."**

21 Su madre acaba de preparar el desayuno para Ud. y le dice: ¿Qué más quieres? Ud. le dice:

22 Ud. conduce su coche a una estación gasolinera y Ud. habla con el joven que trabaja allí. Ud. le dice:

23 Su padre regresa a casa después de trabajar todo el día. Ud. le dice:

24 Su amiga entra en un restaurante y se sienta a una mesa bien cerca de Ud. Ud. le dice:

25 Ud. juega al tenis con su amiga y ella acaba de ganar el partido. Ud. le dice:

"This is the end of Part 2. You may now transfer your responses from scrap paper to the appropriate spaces in the separate answer booklet. Then you may go on to the rest of the examination."

228

FOR TEACHERS ONLY

SCORING KEY

COMPREHENSIVE EXAMINATION IN SPANISH

S

Wednesday, June 22, 1983—9:15 a.m. to 12:15 p.m., only

Use only *red* ink or *red* pencil in rating Regents papers. Do *not* attempt to *correct* the student's work by making insertions or changes of any kind. Use checkmarks to indicate incorrect answers in Parts 1 and 3. Underscore student errors in Parts 2 and 4.

Part 1

Allow a total of 30 credits, two credits for each of the following:

(1) 2	(4) 2	(7) 4	(10) 4	(13) 2
(2) 3	(5) 1	(8) 3	(11) 1	(14) 4
(3) 1	(6) 4	(9) 1	(12) 3	(15) 3

Part 2

Principles:

For the purpose of rating, Parts 2a and 2b are treated in the same manner. The rating procedure described below provides for a maximum of 1 credit for each response: 2/3 credit for comprehensibility-appropriateness and 1/3 credit for form.

Comprehensibility is determined by reading aloud the student's written response and judging whether it would be comprehensible to a native speaker of Spanish who knows no English. All numbers must be written out. Numerals are to be considered incomprehensible. *Appropriateness* refers to the way in which the content of the student's response relates to the stimuli. To be judged as appropriate, the student's response must make sense in the context of the setting, dialogue line, and English instruction line (Part 2a) or the situation (Part 2b). An incomprehensible *or* inappropriate response receives 0 credit.

Form refers to the student's use of the writing system to represent speech. This is determined by reading aloud the student's response to judge whether the response contains *audible* errors. Penalize only for errors which can be perceived by the ear. Do not penalize for the repetition of the *same* error in the entire Part 2. Do not give credit more than once for the same response to different stimuli in the entire Part 2.

Incorrect use of the familiar or polite form of address is considered an error in *form*. Sentence fragments as well as complete sentences are acceptable. In Part 2b, questions or commands, if appropriate, are also acceptable.

Procedure:

In the student's answer booklet, 3 columns are provided for rating Part 2. The columns are labeled C (*Comprehensibility*), A (*Appropriateness*), and F (*Form*).

- Evaluate the comprehensibility-appropriateness of the first response. If the response is *either* incomprehensible *or* inappropriate, leave all 3 boxes blank and go on to the next response.

- If the response is comprehensible *and* appropriate, place a checkmark [√] in the C and A boxes. Then rate the form by underlining *audible* errors for which credit is withheld and circling repeated errors which are not penalized.
  - If the response contains *no underlined error,* place a checkmark in the F box.
  - If the response contains *one or more underlined errors,* leave the F box blank.
  - Rate the remaining responses in the same manner.

After rating responses 16 through 25, count the number of checkmarks and write that number in the blank next to "Total Checks" below the student's responses. Divide that number by 3 and round off the result to the nearest whole number. Write that whole number in the "Credit" box for Part 2.

The following table is provided for your convenience in converting the total number of checkmarks to Part 2 credit:

Total Checks	Credit
29, 30	10
26, 27, 28	9
23, 24, 25	8
20, 21, 22	7
17, 18, 19	6

Total Checks	Credit
14, 15, 16	5
11, 12, 13	4
8, 9, 10	3
5, 6, 7	2
2, 3, 4	1

A sample of acceptable responses follows:

a (16) Me gustaría mucho.

    (17) No. Tengo una cita.

    (18) ¡Qué viaje tan largo!

    (19) los edificios y el paisaje

    (20) Yo puedo traer mi auto.

b (21) otra tostada, por favor

    (22) Deseo cinco litros de gasolina.

    (23) ¿Quieres algo de comer?

    (24) ¿Por qué no te sientas conmigo?

    (25) ¡Felicitaciones! Jugaste bien.

Part 3

Allow a total of 30 credits, two credits for each of the following:

a (26) 1
  (27) 3
  (28) 3
  (29) 4
  (30) 2

b (31) 3
  (32) 2
  (33) 4
  (34) 1
  (35) 3

c (36) 3
  (37) 1
  (38) 4
  (39) 2
  (40) 2

Part 4

Principles:

Students are instructed to respond to 2 out of 3 topics. A response is the student's written treatment of each topic chosen.

In order to qualify for any credit, a student's response must achieve the purpose of the topic.

The rating procedure described below provides for a maximum of 10 credits for each response on the basis of 1 credit for each clause: ½ credit for comprehensibility-appropriateness and ½ credit for form. The 10 clauses may be contained in fewer than 10 sentences.

For the purpose of rating, a *clause* must contain a verb, a stated or implied subject, and additional words necessary to convey meaning. The intent is to credit the ideas expressed, regardless of the number of sentences in which they are expressed.

Examples:

One clause:	Tomé un taxi al aeropuerto./₁
Two clauses:	Tomé un taxi al aeropuerto,/₁ y saludé a mi amigo./₂
Three clauses:	Tomé un taxi al aeropuerto,/₁ y saludé a mi amigo/₂ que llegaba del Perú./₃

Comprehensibility is determined by the rater's visual inspection and judgment as to whether the clause would be understood by a literate native reader of Spanish who knows no English. *Appropriateness* is determined on the basis of the clause's contribution to the development of the topic. An incomprehensible *or* inappropriate clause receives 0 credit.

Form is adherence to conventional rules of grammar and orthography. Correct use of the familiar or polite forms of address is also a matter of form. Do not withhold credit more than once for the *same* error in the entire Part 4. Do not withhold credit for more than 4 errors in accentuation in the entire Part 4.

Procedure:

For rating Part 4, the student's answer booklet contains 4 columns labeled C (*Comprehensibility*), A (*Appropriateness*), F (*Form*), and F (*Form*). The columns are numbered 1 through 10 to correspond with the first 10 clauses in each response.

1. **Read each response in its entirety to determine whether the purpose of the topic has been achieved.** The purpose has been achieved if:

   - *in Topic A,* the reader understands what is happening without seeing the picture;
   - *in Topics B and C,* the student has explained the situation well enough for the reader to be able to give an answer.

2. **Leave all boxes for that response blank if the purpose of the topic has *not* been achieved.**

3. **Proceed as follows if the purpose of the topic has been achieved:**

   - Identify the first 10 clauses in the response by slash marks as shown in the examples (/₁, /₂, /₃, etc.). *Rate only those first 10 clauses.*
   - Evaluate the comprehensibility-appropriateness of the first clause. If the clause is *either* incomprehensible *or* inappropriate, leave all 4 boxes blank and go on to the next clause.
   - If the clause is comprehensible *and* appropriate, place a checkmark [√] in the C and A boxes. Then rate the form by underlining all errors for which credit is withheld and circling repeated errors which are not penalized.
   - If the clause contains *no underlined error,* place a checkmark in both F boxes.
   - If the clause contains *one underlined error,* place a checkmark in one F box only.
   - If the clause contains *more than one underlined error,* leave both F boxes blank.
   - Rate the remaining clauses in the same manner.

After rating both responses, count the number of checkmarks. (You may wish to note subtotals after each response and add them to arrive at the total number.) Write the *total* number in the blank next to "Total Checks" below the second response. Divide that number by 4 and round off the result to the nearest whole number. Write that whole number in the "Credit" box for Part 4. The following table is provided for your convenience in converting the total number of checkmarks to credit for Part 4.

Total Checks	Credit
78, 79, 80	20
74, 75, 76, 77	19
70, 71, 72, 73	18
66, 67, 68, 69	17
62, 63, 64, 65	16
58, 59, 60, 61	15
54, 55, 56, 57	14
50, 51, 52, 53	13
46, 47, 48, 49	12
42, 43, 44, 45	11

Total Checks	Credit
38, 39, 40, 41	10
34, 35, 36, 37	9
30, 31, 32, 33	8
26, 27, 28, 29	7
22, 23, 24, 25	6
18, 19, 20, 21	5
14, 15, 16, 17	4
10, 11, 12, 13	3
6, 7, 8, 9	2
2, 3, 4, 5	1

For each topic, an example of a response worth 10 credits follows. The slash marks indicate how each sample composition has been divided into clauses.

Topic A:

La pobre Rosa está enferma/$_1$ y está en el hospital./$_2$ Hace tres días que está allí./$_3$ Tiene mucha fiebre./$_4$ El doctor no sabe/$_5$ lo que ella tiene./$_6$

Rosa está muy triste./$_7$ Su amiga Juanita la invitó a una fiesta./$_8$ Todos sus amigos van a estar allí./$_9$ Rosa quiere ir también./$_{10}$

Topic B

22 de junio de 1983

Estimado Sr. Levine,

Los miembros del club de español queremos darle una fiesta de cumpleaños a Pablo Díaz, nuestro amigo de Colombia./$_1$ Queremos pedirle permiso/$_2$ para celebrar la fiesta./$_3$ Si usted dice que sí,/$_4$ ¿sería posible el jueves 30 en la biblioteca, a las tres de la tarde?/$_5$ Un grupo va a hacer las invitaciones/$_6$ y otro va a comprar los dulces y refrescos./$_7$ Tendremos también canciones y bailes colombianos./$_8$ Todos nos divertiremos mucho./$_9$ Al final todos haremos la limpieza./$_{10}$ Pablo se sentirá muy feliz. Le damos las gracias por su cooperación.

De usted respetuosamente,

Topic C

Estimada Srta. Huerta,

Me llamo Mary Brown./$_1$ Soy alumna del tercer año de español del colegio Lincoln./$_2$ Deseo saber hablar mejor la lengua./$_3$ Por eso, tengo mucho interés en su serie de discos llamada "Learn to Speak Spanish as the Spaniards Do",/$_4$ pero necesito más información/$_5$ antes de comprarla./$_6$ ¿Cuánto cuesta?/$_7$ ¿Cuántos discos hay en la serie?/$_8$ ¿Necesito usar otros materiales?/$_9$ Si yo pido esta serie la semana próxima,/$_{10}$ ¿cuándo voy a recibirla? Muchas gracias por su atención.

Atentamente,